熱湯経営

「大組織病」に勝つ

樋口武男

文春新書
586

熱湯経営——「大組織病」に勝つ◎目次

Part 1

泥舟の船頭になる

Part 2

いつかかならず事業家に

Part 3
熱湯経営で「大組織病」に勝つ

Part 4
創業者との〝同行二人《どうぎょうににん》〟

Part 1

泥舟の船頭になる

青天の霹靂《へきれき》

一九九三（平成五）年四月十五日という日を、私は生涯忘れることはないだろう。

青天の霹靂——。

まさに晴天に突然、すさまじい雷鳴がとどろいたような気分だった。

当時、大和ハウス工業の専務だった私は、特建事業部を担当するほか、シルバーエイジ事業を立ち上げて軌道に乗せるなど、会社の将来を見据《みす》えた展開をはかりつつあった。入社以来三十年間、自他ともに許す〝モーレツ社員〟として走りつづけてきた私は、ようやく、身も心もいくばくかのゆとりをもって仕事をする境遇にあった。

前日までの富山への出張から帰って出社したその日の朝、秘書が「オーナーが、きのうからお呼びです」と伝えてきた。オーナーとは、創業者の石橋信夫相談役（当時）のことである。

なにげなく相談役室に顔を出すと、「まあ、どうぞ」と応接セットを指差し、自分からわざわざ席を立って歩いてこられた。ふだんなら、相談役の机の前におかれた椅子にかけさせて話はすむのだが、ちょっと様子がちがう。

「樋口くん、どうや」と、石橋オーナーが口を開く。

どうや、といわれても、なんのことかわからない。とりあえず私は、特建事業部の今期の状況を報告し、続けて、住宅の軽量化をはかる一つの方法として、梁《はり》を木材の代りに段ボールでつくることを考えているという話をした。日頃、私が新技術や未来事業のことであれこれ考えをめぐらせていることを知っているオーナーは、私の顔を見れば「次は何を考えてくれとるんや」とたずねるのが常だったからだ。

段ボールといっても、加工しだいで燃えにくくなり、強度も、これから実験を重ねていくが見通しは明るい。オーナーに報告する段階にはきていないので、もう少し時間を下さい、というのを「うんうん」と聞いていたオーナーが、「それも大事なことやけども、今日、わしはもっと大事なことで、きみに頼みがある」と言われる。相談役が頼みとは、気持ち悪いですなアと軽口をたたいた瞬間、

「こんど、総会が終わったら、団地の社長をやってくれ」

と、ポンとひとこと。

「団地」とは、グループ会社で、大規模な宅地開発を手がけてきた大和団地のことである。バブル崩壊のあおりを受けて、いまや往年の活気は失われ、売上高の二倍の債務を抱えて

いた。

　私は急いで顔の前で手をふって、「カンベンしてください。私は大和ハウスの専務で充分満足して、気分よく仕事をやらせてもらっています」といい、「そんな器ではございません」と言った。

　すると、みるみるオーナーの形相が変って、怒気が噴出してきた。「あの会社はわしがつくった会社や。この大和ハウスも、わしは金も信用もバックも何もなしでゼロから立ち上げてきた。わしがつくって上場までさせている団地をつぶすわけにはいかん。それで頼んどるのに、なにが不服や。わしも一緒にやると言うてるやないか」。

　ふだんは細い目がらんらんと光って、怒鳴り声はまさしく雷鳴であった。いつもの怒り方とは、あきらかにちがう。怒っても相手の逃げ道というか、落しどころを用意しておいて叱る、ふだんのやり方ではない。

　その当時でこそ、売上高九千二百億円、従業員一万人の大企業となっていた大和ハウスだが、そもそもは創業者である石橋信夫相談役がひとりで立ち上げ、育ててきた会社である。オーナーの命令は絶対であった。

　これをあえてことわるならば、現職の大和ハウス専務も辞《じ》さねばならんな、と私は思った。

「きみの宿命や思うてくれ」

身をすくませていると、こんどは声音《こわね》のトーンを下げて、「樋口くん、山口でええ経験したやろ。福岡で苦労したやろ」と、私の昔の支店長時代のことにふれて諭《さと》すような口調になり、「わしが、きのう今日の思いつきで言うてると思うとるのか。わしはずっときみのことを見てきたんや」と静かに言われたときは、もうあかん、逃げ道を全部ふさがれた、と私は思った。石橋オーナーと初めて出会った三十代から今日まで、オーナーによって試され、しごかれ、教えられてきた日々のことが、頭によみがえってきたのである。

「わかりました。そこまでおっしゃっていただいたら、男冥利《みょうり》につきます」と私は言った。

「どれだけできるかわかりませんが、ベストはつくしてみます」。

それでは失礼します、と扉を開けて部屋を出ようとすると、「樋口くん」と呼び止められる。

「きみの宿命や思うてくれ」

この殺し文句で私の大和団地ゆきは決まった。

本社からグループ会社に出て、再びもどった役員はいない。樋口武男五十五歳、大和団地を復配にこぎつけるまでに十年かかるとして、そのとき私は六十五歳。俺のサラリーマン人生もここまでだな、と正直なところ私は観念した。

バブル経済が崩壊してから赤字経営の大和団地の状況については、石橋オーナーがどんな悪材料であれ、知るかぎりのことを洗いざらい打ち明けてくれた。

七百十四億円の売り上げしかないのに、二倍もの一千四百十八億円の有利子負債があり、債務超過寸前であること。二期にわたって累積八十六億円の赤字を出していること。バブル時に仕込んだ不良土地在庫の評価損が五百億円にのぼること。バブルの崩壊とともに仕入れた不動産が暴落していく中、デベロッパーとして市場の変化に対応した経営への転換ができていなかったことが要因である。

まず、六月の社長就任までに、大和団地の所有する土地をすべて実地に検分してこい。大和団地を「掃除して黒字にせい」。あらたな借金は一切まかりならん。これが私に下されたオーナー命令であった。それ以外に細目の指示はなし。それが〝石橋信夫流〟だった。たいへんなことになったナ。言うなれば〝泥舟の船頭〟か――。課された任務の重さに暗然とした私だったが、行く手になお厄介な魔物がひそんでいようとは、この時はまだ、知るよしもなかった。

「六十八億円の始末をつけろ」

社長に就任して三カ月目のことだった。大和団地が連帯保証をしているある病院が倒れるという事件が起った。六十八億円の連帯保証が突然、こちらに降りかかってきたのである。

そういう保証の事実については、石橋オーナーからも聞かされていない。債務超過寸前の会社だから銀行からの借り入れはまかりならんといわれても、こんなものが出てきてはいかんともしがたい。金の借り入れがいけないのなら、大和ハウスに相談に行かなければ、そう思って私は本社に出かけていった。

ところが、なんということか、石橋オーナーの対応はけんもほろろ。親身に相談にのってくれるどころか、「それを解決するのが社長やないか」と怒鳴りだした。

こちらは必死の思いでいるところへ、理不尽なことを目一杯いわれ怒られるわけで、私はとうとう頭に血がのぼって、「こんなむちゃくちゃな話がありますか。もう結構です」と怒鳴り返して、部屋を飛び出した。

ビルを出るところで、オーナーのいとこのお子さんで、〝剛〟の石橋オーナーに対し、

〝柔の名経営者〟といわれていた、大和ハウス会長の石橋毅一《しゅんいち》さんと出くわすと、よほど私の形相がすごかったのか、「顔色を変えてどないしたんや」とたずねられた。ここでも「ぜんぜん話になりません。帰りますワ」と叫ぶように言ったまま、私は大和団地へともどった。

その晩は、床についても輾転反側《てんてんはんそく》、まったく眠れない。理不尽きわまりない話だし、考えれば考えるほど腹が立つ。相手が役員だったら、筋が通らないまちがった話だと思えば、断固突っぱねる。これまでも私は何度もそういう場面を突破してきた。とはいうものの、こんどの相手はオーナーである。オーナーの言われたこと、自分のとった態度のことをくり返し反芻《はんすう》整理し、自問自答しながら、また寝返りを打つ。どう考えてもオーナーの話は理にはずれている。しかし、オーナーを相手に自分のとった態度もまちがっていた、と反省して、けじめだけはつけておこうと決意した。翌日、朝一番に行ってオーナーの出社を待とうと考えたのである。

石橋オーナーの出社は通常九時頃だ。七時半に行って、自分が待ち構える形でのぞもうと出かけていった。相談役の部屋が開いているわけはないから、役員室に行って、ここで待たせてほしい、相談役がみえたら話したいからというと、秘書が「おみえになっています」。

七時半というのは、相談役になってからは、出社されたことのない早い時刻だった。ヤラレタ、と思いながら部屋のドアをノックすると、オーナーは書類を見ているところだった。めがねを上げて、こちらの顔を見ると、ブスッとした口調で、「何だ」と言われた。

勇《ゆう》を鼓《こ》して部屋に入り、先手をとって、「きのうはたいへん失礼しました」と頭を下げた。それから、こう続けたのである。私は一晩寝ずに、一言一句、反芻しました。いくら反芻しても、相談役の言われていることには納得がいきません。しかし、相談役があくまでそう言われるのであれば、私はやります。からだを張って、徹底的にやります。しかし、そうなったら、大和団地の問題だけではすまないことになります。大和ハウスをも巻きこむことになります。それでもよろしいですね、と念を押した。

オーナーはひとこと、

「うまいことやれよ」

それで落着であった。

しかし、六十八億円もの金の始末が本当につくのだろうか。不安と焦りの中で、なおも眠れない日々が四日は続いただろうか。心もからだもくたくたになって、明け方にうとうとしたその時、亡くなった父が夢枕に立ったのだった。

父は毎日新聞社の印刷畑で働いていた技術屋で、昔気質《かたぎ》の、家庭にあっても寡黙なタイプ。長男である私もあまり生前の父と会話を交わした記憶がない。七十一歳で亡くなったが、その父が、空の上から私を見下しながら、「バカヤロー！」と怒鳴るのだった。「こら、武男。おまえはなんと情けない男じゃ。なにをくよくよしてンねん。おまえの悩みなんか、この広い宇宙からは虫眼鏡でも見えんわい。塵《ちり》みたいなもんや。おまえは石橋オーナーにベストをつくすと誓ったはずや。余計なこと考えんと、ガツンといかんかい」。

「そんなこと言うたかて！」と叫んだところで目が覚めた。あの寡黙な父が、ろくに会話を交わしたこともない父が、どうして夢枕に立ったのか。いまだに不思議でならない。しかし、これで私の心の持ち方がガラリと変ったのは事実だ。そうか、俺の悩みなんか、宇宙から見たら塵みたいなものか、と思ったら楽になった。ヨシ、やってやるゾ、と私は思った。これは父が助けにきてくれたに相違なかった。

以後、私は「心に宇宙論」と称して、つねに心に広大無辺の宇宙を置いて物を見ることを心がけるようになる。父が贈ってくれた私の座右の銘である。

「あなたはからだを張って結論を出せますか」

倒産した病院に融資を行ったのは、S銀行である。私は単身、S銀行に乗り込んだ。応対に出たのは取締役である。私は腹を据《す》えて切り出した。「私どもには、たしかに連帯保証の責任がある。しかし銀行にも、貸した責任というものがあるのではないか」というのが、私の言い分である。

「あなたが銀行を代表して私と折衝し、結論を出せるのでしたら、あなたとやりとりをしましょう。私はからだを張っていて、結論を出せます。あなたはからだを張って結論を出せますか」

と、私は迫った。相手が、自分一人では結論は出せないというのであれば、頭取に会う。頭取がここで会ってくれなければ、頭取の自宅へでもどこへでも行く。坐《すわ》りこんででもかならず折衝はやり通す、と私はすでに腹をくくっている。

石橋オーナーに、徹底的にやると大和ハウスを巻きこむことになるかもしれないが、よろしいかと念を押したのは、このことである。S銀行頭取宅の玄関先に大和団地社長が坐りこんで動かないとなれば、マスコミの知るところともなる。何事ならん。大和ハウスグループの会社だということになって、結局、大和ハウスまで騒ぎに巻きこむことになるからだ。

一方、オーナーは、「うまいことやれよ」の一言で応じた。大和ハウスにまで影響を及ぼさずに収めるのが、〝うまいこと〟やることになるわけだろう。このぎりぎりの勝負に賭けて、私は相手の取締役の顔にひたと眼を当てた。「あなたはからだを張って結論を出せますか」と。

「勘弁してください。社内調整をさせてください」と相手は言った。「わかりました。では、そうしてください」と私が応じる。

紆余曲折《うよきよくせつ》があったものの、一つの結論が出た。S銀行と大和団地とは、たがいに株式の持ちあいをしている。大和団地の持つS銀行の株式は、すべて売却してもらって結構である。だからといって、S銀行が保有する大和団地株を手離すことはしない。友好関係は従来通りである、という結論であった。資金繰りは、これによって解決した。

S銀行の取締役は、S銀行の立場、大和団地の立場をあわせ考慮して、行内をみごとに調整してくれたのだった。この人はのちにS銀行の副頭取にまで栄進されたが、当時から一廉《ひとかど》の人物だったわけである。こういう調整能力のある人物が窓口の役員でいてくれたということも、私の強運であった。

永平寺管長の「水五訓」

連帯保証問題が一件落着となって、石橋オーナーに報告に及んだところ、「うん、わかった」という返事であった。こういう場合の普通の情景に見られるような、「よくやった」など、褒《ほ》め言葉、ねぎらいというものはない。そのくらいのことは当り前、といった感じであって、そこが石橋信夫という人物の凄いところである。

そもそも、この問題が発生して相談に行ったとき、「それを解決するのが社長やないか」とけんもほろろに撥《は》ねつける。憤然とした私は「もう結構です」と怒鳴り返して飛び出してしまったわけだが、それっきり私が相談役室のドアを叩くことをしなければ、「それだけの男か」でオシマイであった。

あいつは一晩、あたま抱えて考えて、朝一番でかならずくる――。そこまで読まれていたのである。

この出来事を通して、私は、オーナーが日ごろ折にふれ唱《とな》えておられた「水五訓」の真髄を、本当の意味で初めて体得したように思う。

「水五訓」とは、曹洞宗大本山永平寺の管長からいただいた言葉である。

一、自ら活動して他を動かしむるは水なり。
二、常に己れの進路を求めて止《や》まざるは水なり。
三、障害に逢《あ》ひて激して勢力を倍加するは水なり。
四、自ら潔くして他の汚濁を洗ひ清濁合せ入るる量あるは水なり。
五、洋々として大洋を充たし発しては蒸気となり雲となり雨となり　雪と変じ霰《あられ》と化し
凝《ぎょう》しては玲瓏《れいろう》たる鏡となり而《し》かも其《その》性を失はざるは水なり。

石橋オーナーは、事あるごとにこの「水五訓」を敷衍《ふえん》した表現で、部下の指導にあたってこられた。

一、自ら活動して他を動かしむる。――言わんとするところは、率先垂範である。自分は座ったままで、部下や同僚にああしろ、こうしろと言っても、誰も動くはずがない。みずから活動して模範を示すことによって部下や周囲を引っぱっていくのでなければ、仕事が進まないものである。

二、常に己れの進路を求めて止まず。――人はみな、みずからの道を拓《ひら》いていってもらいたい。自分の可能性を拓き、事業の新しい可能性を拓くことを心がけてもらいたい。仕

事の上の停滞や失敗を問いただすと、誰それの指示によりましてなどと、あたかも自分には責任がないかのような答えが返ってくることがある。みずから道を求めて努力していた人なら、こんな返答はしないだろう。

三、障害に逢ひて激して勢力を倍加する。——水の流れもダムという障壁にさえぎられると、その力を満々と内に蓄えてゆく。蓄積された力があるからこそ、いざ解放された時に巨大なエネルギーを発揮する。人生も事業の道も必ずしも平坦ではない。しばしば困難な課題に直面するが、そんな時、「自分の力ではとても無理だ」とあきらめてしまっては、人も企業も発展は望めない。

四、自ら潔くして他の汚濁を洗ひ清濁合せ入るる。——われわれの人生の目的は、かならずしも一つではない。さまざまな価値観を持った人が一つの企業に集まっている。感覚、リズム、方法、価値観の合わない者を排除するのではなしに、「長所をみつけてそれを生かす」ことを考えろ。川は、脇から濁った側溝の水が注がれたとしても、「入ってくるな」とか「出ていけ」とは言わない。さまざまな水を一つにまとめて企業の目的に集約してゆくのが、管理者の責任ではないのか。

五、発しては蒸気となり雲となり雨となり雪と変じ。——水は温度の変化によって、また器の形によって次々とみずからの形を変えていく。しかし、その本性は一切変化することがない。私たちもまた、変化に対処するのに常に柔軟でなければならない。コストの変化、技術の変化、景気、経済の変動に対処して、つねに新しい戦略・戦術を生み出せるよう、柔らかい頭と俊敏なからだをもたなければならない。

噛《か》みしめれば噛みしめるほど、味わい深い言葉だと思う。

〝お公家《くげ》集団〟

いきなり手荒な洗礼を与えてくれた大和団地だったが、そもそもこの会社はどういう会社なのか。

一九六〇（昭和三十五）年、あらたに政権をにぎった池田勇人首相が、「所得倍増計画」を唱え、経済の高度成長政策を打ち出した翌年、「ミゼットハウス」から「軸組式プレハブ住宅」へと業容を拡大していた大和ハウス工業は、売上高も百億円を突破、業績は伸び続けていた。

軽量鉄骨のプレハブ住宅をさらに普及させ、大量販売に結びつけるにはどうしたらいい

か。石橋オーナーの脳裡にこの時ひらめいたのが、
「自前で宅地を造成して、プレハブ住宅とセットで売ったらどうやろ」
というアイデアだった。折から「千里ニュータウン」、戸数三万七千余、人口十五万人のマンモス団地を開発する構想が、大阪の話題になっていた。このプランの特徴は、事業主である大阪府が土地だけを売るのではなく、住宅まで建設して分譲するというものだったのだ。「ウチでもこれをやろう」。

一九六一（昭和三十六）年六月、わが国初の本格的民間デベロッパー・大和団地株式会社が設立される。

勝負を賭けた団地開発はどこで展開するか。白羽の矢が立ったのが大阪府羽曳野《はびきの》市だった。約百万平方メートル、三千戸分の土地を確保。名称は「ネオポリス」と名づけられた。ギリシャ語で「ネオ」は新しい、「ポリス」は都市国家。二つ合わせた造語だった。翌六二年九月完成、販売を開始する。

羽曳野ネオポリスでは、初めて住宅ローンを導入した。それまでの普通の人々の住宅の求め方は、長い年月をかけて資金を貯め、まず土地を手当てし、またゼロから貯金を続けてようやく家を建てるという形だった。これでは、せっかくのアイデアで土地と家をセッ

トにしたところで、資金が足かせになってなかなかさばけない。そう考えた石橋オーナーは住友銀行に提携の話をもちかけ、頭金だけで入居できる「住宅サービスプラン」を打ち出した。はじめての画期的な住宅金融の仕組みだった。

ネオポリスは好評をもって迎えられ、昭和四十年代に入ると〝神武景気〟を上回る〝いざなぎ景気〟に後押しされて、大和団地は兵庫、大阪、愛知、京都、埼玉、奈良、岐阜の各府県に次々と大型団地を開発していったのである。

そこまではよかった。

やがて、宅地開発のブームが去り、不動産バブルの崩壊、地価のつるべ落しの低落によって、大和団地の経営は極度に悪化していく。

もともと開発型の大型ネオポリス販売を軸として拡大してきた会社だったため、バブル経済の崩壊による市場の変化に適応できず、私が社長としておもむいた時点では、販売体制の転換ができていなかった。分譲マンションや建売住宅といった〝分譲系〟にはノウハウと情報を持っていたが、注文住宅や集合住宅（アパート）などの〝請負系《うけおいけい》〟は苦手としたまま、改善に力をつくしていなかったのである。

大和ハウスを〝野武士集団〟とすれば、大和団地は〝お公家集団〟であった。

リストラは絶対しない

社長に就任するとマスコミが次々と取材にやってくる。四社も五社も、聞くことはすべて同じで、「まずリストラですね」という。

「あんたらの言うリストラって、なんですか」と聞くと、「経費削減と人減らしです」と。

「いや、人減らしは絶対しない」と私はいった。「いま社員が九百三十人しかいないんですよ。人を減らしてどうするんや。そのかわり本来のリストラクチャリング（再構築）をやります。仕事には厳しく対応します」。

記者さんたちは一人残らず腑《ふ》に落ちない顔で帰っていったが、私ははじめからいわゆる〝リストラ〟は除外して考えている。六月に社長になる前の、四月から顧問として顔を出すようになったときから、大和団地の社員諸君は私のことを大和ハウスの知り合いに懸命にたずねている。こんど乗り込んできた樋口さんてどんな人や、どんな性格やと。業績が赤字に転落していることもあって、集団的不安におちいっていることが、手にとるようにわかる。これは、リストラをやったらかならず優秀な人材から辞めていって、〝負のスパイラル〟になるなと思った。これだけは避けねばならない。

巨額の赤字をかかえて生え抜きの社長が引責辞任したあとに親会社の専務が乗りこんできた。自分たちの身はどうなるのか。人員整理をしたあとで会社をたたむのか。スリム化した上で親会社が吸収するのか、それとも、この〝死に体〟の会社を本気で再建するつもりなのか——、手がかりもないままの甲論乙駁《こうろんおつばく》に明け暮れたのだという。

私は再建の強い意志を形で示すことにした。

「毎年、社員を百人以上採用しろ」

と役員会で指示したのである。

役員会が終わると、専務が役員を代表してやってきた。「会社をつぶすつもりですか」と。

なんのことだ、と問い返すと、百人も採用したら十数パーセントも人間が増えて、「人件費で倒れてしまいます」という。「心配せんでもええ。攻めに出るんや」と私はいった。

大和団地が〝請負系〟の事業を苦手としていたことは先に記した。だが、日本の住宅建設の主流は、請負住宅である。私が大和団地に転じた一九九三（平成五）年でみると、新設住宅着工戸数百五十万戸のうち、じつに八割が請負によって建てられている。「ネオポリス」の時代は終っており、地域密着型の営業に転換する必要があった。そのためには、まず、営業拠点を拡充しなければならない。

大和団地の全国の支店は八カ所、関東圏には東京支店ただ一つ。「関東圏の支店は五つに増やせ。全国の支店を三倍にするんや。中途採用で優秀な人材をどんどん採用しろ」と私は命じ、

「まあ、見とけよ」

とつけくわえた。

現場に知恵あり

人減らしならぬ人増やし、支店の増設という目に見える施策を前に、社員諸君は「オ、新社長は本気やぞ」と気づいてくれたようだ。かならず再建する。そのためには前へ進んで損を取り返すしかない。社員のやる気を引き出すことが第一であり、しっかりと目標を定め、社員の士気を目標実現に向けて集中させる。

「十年で復配。そのときの売上高二千億円。経常利益は百億円」

という目標を私はかかげてみせた。

事業としては、大規模団地のデベロッパーから撤退する代りに、マンション事業と木造

住宅に力を入れる。資金が必要だからお荷物の土地は差損が出ても処分する。マンションは、どこにどんなものを建てるかは、

「ぜんぶ、俺が見て、俺が決める」

そう私は宣言した。

物事の実態を把握しようと思うなら、社長室にいては絶対にわからない。石橋オーナーは創業時から、すべての現場をかならず自分の眼で見て歩かれた。遠くへだたった現場から現場へと、夜汽車を宿とし、駅のベンチをベッドとして巡回した。日が昇れば現場に向かい、始業時間になれば企業訪問をした。私が三十年間大和ハウスに在籍して教わったことの中で、一番大事なことは「現場に知恵あり」、である。現場が、あるいはお客さまが知恵を授けてくれる。だから、かならず現場へ行けということであった。

顧問として大和団地の役員会に出席していた時のことだが、今月は六棟の受注予定だという某支店長に、お客さんにはきみが全部会っているのかと聞くと、会ってはいないという。部下まかせのままである。また、マンション用地購入のための分厚い稟議書《りんぎしょ》がまわっているから、判を押している担当役員に、土地は見たのかと聞いてみると、ノーである。これはダメだと思った。

私は顧問になった四月二十八日から、社の保有する土地のリストをすべて出してもらって、リストに沿って全国行脚《あんぎゃ》をすませている。責任ある立場の者がきちんと見ていれば買わなかっただろうな、と思われる土地も多々あった。

スピードは最大のサービスだ

これからは、そうはさせない。

マンション用地の起案があれば、北海道でも九州でも、日帰りで私が現地へ飛ぶ。だいたい従来の土地購入の稟議書を見ると、十四個も判コが押してある。仮にそれはまあいいとしても、社長のところにまわってくるのに、起案から二週間以上も経っている。本当によい土地が二週間も残っているわけがない。いまでも買えるとしたら碌《ろく》な土地ではない。

だから、稟議書づくりは後まわし。まず私が現地に飛んで、支店長のほか、マンションのスタッフと用地のスタッフと一緒に実地検分をする。最寄りの電車駅から徒歩圏にあるか。日照の問題はどうか。給排水は問題ないか。都市ガスかプロパンガスか。ショッピング、学校、病院などの利便性は。その地域の将来性はどうか。すべて確認した上で、最後に「きみ自身が住みたいと思う場所か」と支店長にたずねるのである。

すべてが「マル」となれば、残るはコストの問題のみ。売り面積が七〇パーセント取れるのならば、売値は坪何万円くらいか、と頭の中でパパパッとはじく。ところで近隣のマンションはいくらで売っているのか――、こうしてその場で決断してしまう。途中、私の質問に対して現地スタッフがどれかの項目であいまいな返事をするようなら、即、買収中止である。

「スピードは最大のサービスだ」

私は石橋オーナーから、この言葉を叩き込まれて育った。スピードは人の回転を速め、資本の回転を速める。企業の発展の原動力となるばかりでなく、顧客にも大きな利益をもたらす。「眠っている間にも金利はふえる」「今日の仕事を明日に残すな」と教えられてきた。

現場をすべて見る。そのためには体力が必要である。会社に出ているときは、昼を軽食でさっとすませて、大阪・立売堀《いたちぼり》の社屋から心斎橋まで速歩で歩く。足首には一キロの錘《おもり》がつけてある。十二時五十分までに会社にもどる。もどったときは汗びっしょりである。

朝は七時半までには出社して、八階建てのビルを階段で登りながらワンフロアずつ巡回して歩く。社員と会話し、なにか問題を抱えていないかを、五感を働かせて探知する。ひとりの社員と会話しながらも、私の視線はフロア全体に及んでいる。まさかと思われるかもしれないが、個々の社員の生気のあるなしまで、手にとるようにわかる。

席につくと、全国八支店の支店長に順不同で電話をかける。それまで社長が支店長に電話するときは、秘書がダイヤルし、相手が出てから「社長と替ります」とやっていた。私はダイヤルインで直接電話して「あのな」と言う。むこうもびっくりする。

「あれで、大和団地の文化が一変しました」

とは、当時の女性の秘書課長が退職するときに語った言葉である。幹部をはじめ、社員の出社が早くなり、いい意味の緊張感が生じてきた。

縮小はしない、支店は増やすと宣言し、事実、関東圏に四支店を新設。そのほか各地に事務所を設けていったのだが、それらの建物の外壁を黄緑色に塗って、事務所内には「〝サナギ〟からのスタート」という標語をかかげた。昆虫が、幼虫から成虫に移る途中の発育過程がサナギである。脱皮して静止しているあいだに、幼虫の組織が成虫に必要な組織に変っていくのだという。

大和団地がいま、まさにその時期にあたるだろう。古い組織から新しい組織へ。脱皮の時である。

「サナギ」をローマ字化して、そこに意味を付与してみた。

「S・A・N・A・G・I」。S＝スピーディに、A＝明るく、N＝逃げず、A＝あきらめず、G＝ごまかさず、I＝言い訳せず、である。社員諸君は仕事にこのように対処してほしい、と訴えたのだ。

人を斬《き》れて一人前

会社の空気が一変したもっとも大きなきっかけは、組織の癌《がん》というか、動脈瘤《どうみゃくりゅう》のような存在の人間を斬ったことであった。

各事業所の経営状況をつぶさに見ていくと、常務取締役の駐在しているF支店に、あきらかに疑問がある。そこで監査を入れて逐一調べさせたところ、架空の伝票があることが判明した。受注を正式に計上できる状態ではないのに計上して、手持ちがあるかのように見せかけている。

もう一点、F支店では頻繁に社員が辞めていく。辞めたのはどんな社員かと人事にたずねると「優秀な男ばかりですよ」という。これはなにかある。そう考えた私はF支店の社員たちに、ひそかに事情聴取を行った。すると、「あの人が支店長でいるのなら、自分はもう辞めようと思う」という社員が多くいることがわかった。要するに肩書きにあぐらをかき、現場を見たことすらなく、尊大で理不尽な人使いをしていたのである。

こういう〝癌細胞〟を放置しておくと、組織全体が駄目になる。しかし——、と私は考えた。この人物は、私が社長に就くと同時に辞任した前会長の推輓《すいばん》で役員になっている。前会長は石橋オーナーの実弟でもある。社長になってわずか半年で行う人事である。説明が必要だと考えた。

上京して前会長に会い、調べ上げた事実も告げて、「ご了解をいただきにきました」といった。前会長は「わかった。人間というのは、地位が上がるにつれて人格を高めていく者と、悪いほうに変っていく者と、ふた通りに分かれる。彼はその後者になってしまったのだな」と嘆《たん》じた。続けて「もうきみが任《まか》されているのだから、きみの思い通りにやってくれたらいい。いちいち人事のことで私にことわりを入れてもらわなくてもいいよ」と。

前会長も実に立派な態度であり、私は恐れ入りますと言って帰ったのだった。

案の定、常務は間もなく前会長のもとへ泣きつきに行った模様だった。しかし、前会長は「話は聞いた。こんなことをしているきみが悪いのではないか」とひとこと。落着であった。

同様に悪弊が露呈してきた二人の取締役に対しても辞表を求め、結局、任期途中で三人の役員を斬ることになった。このことを石橋オーナーに報告すると、例によって短いひとことで、「経営者は、人を斬れて一人前や」といわれたのだった。

社員のやる気を失わせていた三つの〝動脈瘤〟を除去し、支店を増設し、人員採用を増やす。これら、一年以内に打ち出した方策によって、社内の雰囲気はがらりと変った。

そしてもう一手、社員にさらなる希望を与えたのが、若い支店長の登用であった。

その男、S君は、三十六歳。名古屋で売れ残りのマンションの販売責任者をしていた。誰もが嫌がる仕事をしながら、じつに意欲に燃えている男で、全国行脚中の私がその現場に行って、「どうだ、売れるのか」と聞くと、「売れますとも。売ってみせます」とものすごく元気なのである。ほかの若いスタッフにたずねてみると、「あの人はすごい頑張り屋です」と一様にいう。人望がある。私はS君をつぶさに観察して、これは天性の器量がある、現場の責任者だけではもったいないと、支店長に登用することにした。するとS君の先輩にあたる社員たちも、「彼だったら私たちも納得できます。歳は下だけれど、教えてもらうことは多々あります」と賛成し、嫉妬のようなものは毛先ほども現れなかった。誰でもやる気を持ち、実績を残せば、チャンスは平等にある、という気持に変っていったのだ。一方で、実績の上らない支店長は躊躇《ちゅうちょ》なく交代させた。組織のなかの熱い息吹は伸ばす、悪いものは斬る。両両相俟《あいま》つことが大切である。

会社を熱湯にしたら百二十人が出ていった

社員一人一人の能力、気概をきちんと見るということは、それまで安閑と組織にぶら下がってきた人間にはきついことになる。

一年たった翌年の三月、

「えらいことになりました」

と人事課長がとびこんで来た。退職者が百二十人に及ぶというのである。「こんなに辞めていったのでは、会社の信用にかかわります」。

「そんなことで騒ぐな。辞めた者の入社年次を調べて持ってこい。おそらく平成元年、二年、三年の三年間に入社した者が八割はいるはずや」と私はいった。

人事課長がただちに退職者の名簿と入社年次を整理してとどけてきた。見ると八五パーセントがその三年間に入社した連中である。すなわちバブル時代の拡張期、上げ膳据え膳で迎え入れた者たちだ。それが、現場主義をはじめ、ちょっとひと鞭《むち》入れただけで、そわそわと腰を上げた。のんびりと浸っていたぬるま湯が熱くなったので、裸で飛び出していったのである。

前年、私は、社員を毎年百人以上採用しろと命じ、人件費で会社がもたないと心配する役員に向かって、「まあ、見とけよ」といった。その真意はこのことであった。

リストラを始めたらさいご、社員の士気は下がり、優秀な社員から辞めていく。リストラをしなくても、組織に活を入れるだけで、おのずと血の入れ替えができるのである。「雇用が冷えている今こそ絶好のチャンス。ヘッドハンティングもどんどんやれ。これから先も毎年百人採用せい」と私はいった。

その翌年、またバブル組百十人が出て行って、そこでぴたりと止んだ。その間、ほぼ同数の、目の光のちがう新入社員を迎えた。戦闘態勢完了である。

能力の差は「やる気」の差

ある文献で知ったことだが、人間は百四十億を超える脳細胞を持って生まれているのだという。そのうち使っているのは普通の人で四〜五パーセント、アインシュタインのように天才といわれる人で七パーセントていど。ほとんど変らない。では、個々の能力の差はどこで生じるのかといえば、結局は「やる気」があるかどうかではないのか。

建築になぞらえていえば、ビルにしろ住宅にしろ一番大事なのは基礎である。建物の基礎にあたる部分が、組織でいえば一人一人の考え方、心の問題なのだ。

やれ、といわれてやるのは「やる気」ではない。内発的に、本人の内側から湧き出してくるのでなければ、「やる気」ではない。社長室から何かを言ってもだめである。

私は社長室にはほとんどいなかった。全国の現場をまわって、管理職と話しあう。中堅社員と話しあう。入社三年までの社員を集めて懇談する。

ただ単に、心を開け、思っていることをなんでもいってみろといっても、簡単には開かない。こちらから先に心を開かないとだめである。

本社ビルでは、「執務フロアではタバコを吸うな」といった。私自身ヘビースモーカーだが、「私も執務室では吸わない」と。その代り、各フロアの階段の踊り場に、喫煙コーナーをつくった。私はあちこちの踊り場へタバコを吸いに行く。すると、たむろしていた連中がサササーと逃げ散っていくのである。〝社長が来よった。鬱陶《うっとう》しいわい〟と顔に書いてある。

「こらァ、待たんかい！」

とこれを捕まえて話をする。はじめは身体を固くしていても、ざっくばらんに四方山《よもやま》話《ばなし》をしていると、彼らもだんだんと心を開いてくる。

一年ほど経った頃、彼らのうちの一人が、「はじめ、社長のことを皆がどない言うとったか、知ってますか」と言い出した。

「どない見られてたんや」と聞くと、「〝進駐軍が来た〟いうてましたんや」と。進駐軍が来て、リストラしておいて会社を清算するつもりか、それとも大和ハウスに吸収させるのか、ひょっとして本気で再建してくれる気があるのか。皆でこの三つを考えたというのだった。

シメタ！

と私は思った。ここまで心を開いて隠さず話をしてくれるようならば、もう大丈夫だと思ったものである。〝踊り場コミュニケーション〟は、ときに階段中に響く笑い声とともに拡がっていった。

二年で大和団地は黒字に転換。このときの社員たちの喜びようは忘れられない。営業、工事、設計、そして事務方、全社員あげて勝ちとった成果だった。

「喜びはみんなで分かちあえ。苦しみは一人で背負え」

私の信条とする言葉である。

六十八億円の連帯保証をはじめとして、一千四百十八億円の有利子負債。それが一日に生み出す金利、さらにデッドストックに起因する〝目に見えない金利〟のことまで考えれば、眠れない日もある。苦しみでないわけがない。おまけに、大和団地社長の年収は、ふと気がついてみると大和ハウスの専務時代より低いのである。大和団地社長にはボーナスを出していないからで、「なんじゃこりゃ」と思うこともある。しかし、そんな苦労も社員の希望に満ちた顔を見るだけで、吹き飛んでしまうのだ。

経営のプロとアマ

この年、私は更なるラッパを吹いた。「大和ハウス工業を抜く」といったのである。

大和団地には各地区に施工会社の集まりである建設協力会があって、私は順次巡回しながらヴィジョンを語っていた。

「大和団地は将来この業界のナンバーワン企業になります。大和ハウスも抜きます。なぜかといえば、住宅業界は戦国時代です。戦国時代ならどこが勝つかわかりません。野望を大きく持つ者が勝ちます。二十年かかるか三十年かかるかわからない。しかし、その気になって戦えばかならず勝ちます」

名古屋地区の協力会でのこと。百五十人くらいの会員を相手に壇上から話をしていると、どんな表情で聞いてくれているかが全部わかる。なかに、ニターと笑う人がいる。大和団地は日本一の住宅会社になるといったら、〝十億くらいの利益しかあげていない会社の社長が大きな口たたきよって〟という表情で笑うのである。

「あなた、いま笑いましたね」とすかさず私は指差す。「ちゃんちゃらおかしいわ、と思っとられますな」。

「いやいや、そんなことはありません」

「ちゃんと顔に書いてありますがな」と私。

その人は顔を撫でまわしていたが、「できる」と思わない人には、何事もできるわけがないのである。

私はこうした講話も、社員たちの耳に入るだろうことを想定してしゃべっている。

社員教育の場でも、

「いかなる場合にもプラス思考でいけ」

と強く言っている。

経営のプロとアマチュアの大きなちがいがある。

アマチュアは仕事が減り、受注が伸びなくなると、まず「景気が悪い」と考える。そして状況の悪さをわざわざ箇条書きにあげていくのが、アマチュアの習性である。プロは、「どうしたら勝てるか」「どうすればやれるか」ということしか考えない。

そこに特化するのである。

プロとアマチュアのちがいをさらに敷衍して言えば、私は次のような相違であると思っている。

- 「成長を求めつづける」　「現状に甘える」
- 「自信と誇りを持つ」　「愚痴っぽい」
- 「常に明確な目標を指向する」　「目標が漫然としている」
- 「可能性に挑戦する」　「経験だけに生きる」
- 「自己訓練を習慣化している」　「気まぐれである」
- 「使命感をもつ」　「途中で投げ出す」

・「やれる方法を考える」「できない言い訳をさがす」

私たちは経営のプロたらねばならない。もしも経営学と経営がぴたりと重なるものであるなら、経営学者が経営にあたればすべて成功するはずだ。ところが現実はそうはならない。経営学と経営はちがうのである。能書きだけでは経営はできない。経営は、強い意志を持って地べたを這《は》う者だけが勝つのだ。

社員にやる気が浸透し、生え抜き、中途採用のへだてなく支店長たりうる人材が育っていく。支店は当初の八支店から二十二支店にまで増設することができた。事業は大規模団地の開発から転換して、マンションを主力に木造の分譲あるいは注文住宅、さらにツー・バイ・フォーの集合住宅事業を展開していった。

とくにマンション部門では、二〇〇〇（平成十二）年度でくらべても、大和ハウス工業の売り上げ二百五十億円に対し大和団地は八百億円と凌駕《りょうが》するに至った。

私の着任から数えて七年後の二〇〇〇年三月期、かつて七百十四億円であった売り上げが一千四百四十一億円に倍増、ついに復配を達成したのである。

六十二歳。このまま大和団地に骨を埋めることを露《つゆ》疑わなかった私を、第二の〝青天の霹靂〟が襲った。

「大和ハウスと大和団地を合併させたい」

石橋信夫オーナーの鶴の一声であった。

「帰ってこい。社長をやってくれ」

オーナーは私が赴任してから二年間、大和団地の役員会に出席しておられた。私のやりやすいようにと、後楯《うしろだて》になってくれていたものと思う。黒字に転じた三年目からは二度と出席されることはなかったが、ずっと団地のあり方を、私のなしざまを、注視しておられたに相違ない。

――ああ、これがファイナル・テストだったのか。

私は忽然《こつぜん》として悟った。

その昔、三十六歳で大和ハウスの山口支店長に抜擢《ばってき》され、視察にこられた石橋オーナーと初めて出会ったその日、はやくもテストを施されていた。以来、二十六年間、あえて苦難を与えられたと思われることを含めて、大なり小なり数えきれないほどの〝石橋テスト〟を受けてきた。そして、大和団地の再建が最後の試験だったのだ――。

そう考えると深い感慨に襲われる。

Part 2

いつかかならず事業家に

祖母の三つの教え

いかなるときにもプラス思考。まっ正直に勝つことだけを考えて進む私の習性はどこから生じたかというと、疑いようもなく父方の祖母からである。

私は一九三八（昭和十三）年、兵庫県尼崎市に弟と妹ふたりの四人兄弟の長男として生まれた。幼い私の躾《しつけ》にあたったのは、毎日新聞社の印刷技術者だった父親でも、物静かだった母親でもなく、明治生まれのおばあちゃんであった。おばあちゃんは〝五黄《ご》《おう》の寅《とら》〟の生まれ。昔は「五黄の寅は嫁に貰うな」などという俗諺《ぞくげん》があったくらい、気が強いとされたものだが、事実、おばあちゃんも気が強い。「武男、武男」とうんと可愛がってくれると同時に、躾にはすこぶる厳しかった。

四、五歳のときのことを今でも鮮明におぼえているのだが、当時は子供たちのあいだで川遊びがさかんだった。近所のお兄ちゃんたちと一緒に「じゃっかい」といって小川を二カ所、堰《せ》き止める。水を掻《か》き出すとドジョウやザリガニが獲れるのである。

その朝は〝おねしょ〟をしてしまったのだが、川遊びに行きたい一心で布団を丸めて隠し、知らん顔で家を出た。すると気づいたおばあちゃんが血相を変えて追っかけてきて、私の首根っ子をつかまえ、家まで引きずりもどすと納屋の丸太の柱に荒縄でくくりつけてしまった。

立ったまま身動きはできない。朝早く飯抜きで飛び出しているから腹は減る。昼頃になって、おふくろが握りめしを運んできてくれたのだが、これがおばあちゃんに見つかってしまった。

「甘やかして、ろくな子になるか！」と、おふくろはおばあちゃんにこっぴどく叱られて、ほうほうの体《てい》で母屋に逃げもどってしまう。

まだ姑《しゅうとめ》の強い時代で、おばあちゃんは六十歳ちょっと、おふくろは二十四、五。うらめしかったが、勝負にならないのである。

泣きに泣いて、涙も涸《か》れて、日がとっぷり暮れる頃、おばあちゃんがあらわれて、

「武男、わかったか。嘘とごまかしは絶対あかん」

と、こんこんと説教され、ようやく縄をほどいてくれた。

三つ子ならぬ〝五つ子の魂〟というか、この教えは私の心の奥深いところに沁《し》み込んだようで、今にいたるまで、〝嘘とごまかし〟はしない、許さないというのが私の信条とな

っている。

祖母に叩き込まれた教えは三つあって、
一、嘘とごまかしは絶対にあかん。
一、人に迷惑をかけることは、あいならん。
一、闘ったら、かならず勝て。
の三箇条であった。

闘ったら、かならず勝て

闘ったら、かならず勝て、というのも絶対条件であった。子供の世界のことだから、けんかもあるが、負けて帰ることは絶対に許されなかった。

小学五年生ぐらいのときに、中学生とけんかになったことがある。体格がちがうからまったく勝てない。さんざんやられて泣いて帰った。

すると、おばあちゃんが目を吊り上げて飛び出してきて、もうそのときは手に竹の棒を握っている。ひっぱたかれるのは、私である。

「男がけんかして負けて泣くとは何事や。もういっぺんいってこい」

とまた尻を叩かれる。中学生よりおばあちゃんのほうが恐《こわ》いから、泣く泣く中学生の家の前まで行き、悪態をついて呼び出すのである。うしろには、おばあちゃんが竹の棒を構えて仁王立ちになっている。前門の狼、後門の虎である。

「なんじゃ、このガキ」と出てきた相手に、子供心に考えて、噛《か》みつくしか勝ち目はないと、腕にがぶりと噛みついて、上からどんなに叩かれようが離さない。だんだん歯が食い込んでいくから、とうとうむこうが泣き出す。

騒ぎを聞きつけてむこうの家から母親が出てくると、おばあちゃんが、「子供のけんかに親が出るな」と叫ぶ。むこうが「あんたはどやの」というと、「親やない。ばあちゃんや」といい返す始末で、変な理屈ではあるが、おばあちゃんの勝ちである。

存分に噛みつかせておいて、ようやく間を分けてくれるのだが、その帰り道、「ええか、男の子は闘ったら、かならず勝たなあかんぞ」と繰り返し言い聞かせるのだ。

祖母は、私が茶碗にふた粒ばかりのめし粒を残しても、ピシリと手の甲を打ち据《す》えて、「お百姓さんに申し訳ないやろ」と叱るような人だったが、その七十歳で亡くなる最期も壮絶であった。しばらく病いに臥《ふ》せっていたところ、ある日、私と弟を枕元に呼んで、「わしは、あと三日で死ぬ」

と唐突にいい出した。そんなわけないやん、というと「いや、わしにはわかる」と。そして本当に三日後の夜、寝床で大きな息を一つついて、そのまま亡くなったのである。火葬にして骨揚《こつあ》げをしようとすると、まったく箸《はし》にかからない。拾えないのである。「ほとけさんは、ほんまに生きてはったんですか」と係の人がたずねたくらい、全身の骨が蜂の巣状にぼろぼろであった。

さぞ辛かったろうと思うが、からだのことはおくびにも出さずに逝《い》った。最後まで、誰にも迷惑をかけない一生であった。

祖母の三つの教えは、私の人生の土台になったとつくづく思う。

いつかかならず事業家に

小学生時代の私は体力に恵まれて、陸上、相撲、野球は、ピッチャーで四番と、なにごとにも負けずぎらいであった。野球は将来のプロ野球選手を夢見たもので、中学一年では百メートルを十二秒三で走ったが、その年、砲丸投げの練習で骨膜炎《こつまくえん》を起こし、腰を痛めてしまった。

以後、大学を卒業するまで病院通いが続くのだが、それでもスポーツをあきらめきれず、県立尼崎高校では柔道部、大学では空手部に入部。いずれも医者と両親には内緒にしていたのだが、バレて退部を余儀なくされる。それでも野球だけは、草野球チームをつくって、市民スポーツ大会に出たりという形でつづけていた。からだのことでは、両親にずいぶんと心配をかけたもので、医者と縁の切れ目なしであった。

一家の暮らしは、楽ではなかった。一九五七（昭和三十二）年、関西学院大学法学部に入学。三歳下の弟も私立高に通っている。あるとき、母が自分の着物を質入れする姿を見てしまった。そんな両親に、言葉であらわせないほど、感謝の気持ちを強くもっている。父親も懸命に働いているのに、サラリーマンというのは所詮、この程度なのか。一回きりの人生ならば、俺はサラリーマンでなく、自分で会社を起したい。いつかかならず事業家になってやる――。そう強く思い定めるようになったのである。

大学時代は、学資のことで親に迷惑をかけまいと、たくさんのアルバイトに精を出した。鉄工所、運送会社、ビール会社、損害保険会社、百貨店、家庭教師、塾教師など、二十業種に及んだ。

大学を卒業すると、「大源」という中小の鉄鋼商社に就職した。

私はこれまで〈人生設計書〉といったものを何回か書いているのだが、最初の設計書には「三十歳でオーナー経営者になる」と記されている。目標は明確だ。鉄鋼商社を選んだのも、商社ならさまざまな業務を手がけているし、従業員百五十人前後の会社なら組織の中の歯車に終ることなく、仕事の仕組みと流れを身につけやすいと踏んだからである。経営者修行の道場としては最適だと考えた。

楽すぎる会社よ、サヨウナラ

入社すると大学ノートを一冊買って、会社が使っている書類を全部書き出した。伝票の一つ一つについて、先輩の女性社員に「なぜ必要なのか」「どんな意味があるのか」と質問をする。課長にたのんで商業文書の書き方を見せてもらう。「なぜ?」「なぜ?」の連発である。

子供はさまざまなことに「なぜ?」と問い、その答えをどんどん吸収して成長していく。「なぜ」という疑問をもつと、脳の動きは急速に活性化され、進歩していく。ちなみに私は六十九歳の今もなお、「なぜ」という言葉を発しつづけている。

「大源」の社長は人格者であるし、社内の空気も和気《わき》藹々《あいあい》である。ところが、どうも釈然としない。

私が社会人としての第一歩を踏みだした昭和三十六年というと、高度経済成長の入口で、〝鉄は国家なり〟の時代。鉄鋼の需要は急増しており、安定した得意先があって、座っていても商売になる。血眼《ちまなこ》で顧客を開拓するでもなく、財務に追われることもない。一生懸命に働いても働かなくてもやっていける。給料もボーナスも、同期社員は仲良く一緒。こんなぬるま湯に浸かっていては経営者修行にはならない——。私は二年で辞表を提出した。

じつはこのときすでに結婚していたのだが、妻は、「どんなところへでもついていきます。でも、つらいことになっても、泣き言は聞きたくありません」という言い方で了承してくれた。

朝は朝星、夜は夜星

どこかに厳しい修行の場はないか、としきりに探していると、週刊誌の記事がふと目にとまった。「猛烈会社・大和ハウス」という記事で、わが国のプレハブ住宅の原点ともいうべき「ミゼットハウス」が人気を呼んだこの会社は、石橋信夫という機関車のようなオーナー経営者に牽引《けんいん》されて、大阪府羽曳野《はびきの》市に大規模な住宅団地を造成している。社屋の窓には一晩中明るく電気が点《つ》いて、あたかも〝不夜城〟である——と。

ここだ！　と私は思った。しかし入社の希望を伝える手づるがない。どうしたらいいかと思案していると、新聞の求人欄に「大和ハウス、歩合制セールスマン募集」の広告が出ているではないか。

さっそく出かけていって人事課長に会い、「妻が身籠《みごも》っているので、歩合制は困る」と切り出した。

「あんた、何を見てきたんや。募集しているのは歩合制ですよ」といわれたが、「歩合制で収入が不安定では子供が産めません。正規社員として採用してくれませんか」と粘りに粘った。

閉口した人事課長は、私の経歴書に目を落としていたが、「鉄を売ってきたのなら、鉄を買う仕事をやってもらうということで検討できるかもしれない」といってくれた。

「こんど東京の資材担当専務がこちらに来るので、面接を受けてもらいます」

専務の口頭試問には、鉄鋼商品の種類だろうが、その流れだろうが、すいすい答えられるわけだから、「よし、明日から来れるか」となる。来れないことはないが、まだ給料も決めてもらってない、というと、「人事課長を呼ぶから決めてもらえ」と。

人事課長は職歴、年齢、職種などを一覧表にあてはめて金額を提示してきたが、「これでは前の会社より安い。生活に困る」。課長は憮然たる表情をしていたが、もう入社は決まっているから、こっちが強い。結局は納得のいく金額に上げてもらうことができた。

こうして、大和ハウス工業への入社が決まったのである。当時の大和ハウスは資本金二十八億円、従業員二千名、売上げ百九十五億円という規模の会社だった。

配属は堺工場の資材課であった。当時、私は大阪府池田市に住んでいたため、通勤に二時間かかる。工場は八時始業で、七時半からラジオ体操が始まるので、毎朝五時半、まだ暗いうちに星を見ながら家を出る。終業は夕方五時なのだが、一日も早く仕事の流れをおぼえねばならないので、終業後、自分の専門分野以外の仕事についても書類を見たり勉強する。星空のもと、家に帰り着くのは十二時から一時だから、風呂に入って寝ると、うまくいって睡眠時間は四時間。

「朝は朝星、夜は夜星。モグラみたいなもんやな」

と苦笑いしたものだった。

二年後、大阪支店購買部に異動。建築事業部が受注してきた仕事の材料を手配する仕事だが、建築全般にかかわるわけだから、鉄以外にも、木材、建材など、すべての商品知識を身につけることができた。これらの知識を活用して資材購買のシステムを再構築したことが評価されて、オーナーから社長賞として自動巻きの腕時計を授与された。この時計は四十年近くたった今も現役である。腕につけないときは、机の上の巻き上げ器にセットしておくから、錆《さ》びつくこともない。

また、このときの商品知識はのちに大いに役立つことになる。

飛び込み営業、一日三十五件

資材を、堺工場、大阪支店、本社とつごう八年つとめて、住宅営業部次長の辞令が出た。次長という立場からすると〝飛び込み〟営業の指導をしなければならないが、自分はやったことがない。これはやるしかないと思った。

〝飛び込み〟といっても、相手はさまざまなお客さんがいる。裸に近い格好で戸口に出てくる人もいれば、公団などに行くと、小窓からチラと見てピシャリと閉められる。愛想のいい人ばかりではない。男前ならまだしも、私のような強面《こわもて》の男が行くと押売りのような眼で見られる。はじめは恥ずかしさも抵抗感もあるけれど、そこを乗り越えて一日三十五件くらいの〝飛び込み〟をやる。多い日は百件を超える。夏場だと、汗にまみれてネクタイ一本が完全にパーになる。道端におばちゃんがいて、隣が空き地であれば、「こんにちは、奥さん。この土地おたくの土地でっか」と尋ねる。要は気持ちの持ち方であって、私はなにも悪いことをしにきたのではない。あなたの幸せになることを提案しにきたんだ、と考えることで、誰とでも平気で話ができるようになるのである。

住宅営業を三年やった一九七四（昭和四十九）年、山口支店の支店長を命じられた。ときに三十六歳である。

じつはその前年、人事担当専務から、「どや、東京に行ってみぃへんか」と打診されたことがある。「みぃへんか、とおっしゃいましたな。私の意思を尊重していただける、ということですな」。「そうやな」。「それならおことわりします」と私はいった。「西ならどこでも行きます。東は行きとうないです。ええかっこしぃが多いとこは、わたしは波長が合わん」。そういってことわったいきさつがあった。

一年後、専務から「西やったらどこでも行く、いうたな」と指示されたのが、できたての山口支店行きであった。

着任すると、七十数名の全支店員を集めて、

「私は今日から、山口支店株式会社の社長として陣頭指揮をとります」

と宣言した。自分がすべての現場を見る。先頭をきって営業する。案件は私の責任で即

決する——。そういう意味である。

社長のつもりではあるが、支店長室というほどのものはなく、衝立《ついたて》で仕切りをしているだけであったが、ほとんど自分の席に座っていることはなく、まさに率先垂範で現場へ出ていた。その席が事務所の出入り口にもっとも近かったのは、来客や営業先から帰った社員にまっ先に話を聞き、クレームと聞けばすぐ私自身が駆けつける構えである。

自分がすべての現場を見ると宣言し、バスも早くなくなるこの土地で、まず、運転免許をとった。みずから車のハンドルをにぎって走りまわったが、オーナーから、支店長は一日中さまざまなことを考えろ、運転は自分でするな、といわれ、若い運転手をやとい、日本海側の萩市、瀬戸内海側の光市、宇部市、西は長府、下関と県内くまなく走りまわり、走行距離は年五万五千キロを超えた。

土地は良い住宅用地が坪四万五、六千円でごろごろある。帰社すると私は、「県内の買える土地は全部買え」といった。

「そんなん、むちゃですがな。大阪からみたら安いかしらんけど、会社がもちません」

と寄ってたかって押し止められてしまったが、これは買っておけばよかったのである。のちに三倍、四倍の地価に高騰してくる。現にそのとき私が声をかけて土地や家を買った当社の管理職は、みな大いに喜んだ。

現場主義に徹する

大和ハウス工業を地域ナンバーワンにする。
地域に密着した態勢をとる。
各エリアの状況を正確に把握せよ。
スピーディーなサービスを心がけろ。
同業他社の戦略戦術を分析しろ。

こうした指示を与えて活動を開始したところ、ある地域で印象的な出来事が生じた。あるメーカーの住宅が、農村のあちこちに急激に建ち始めたのだ。デザインが群を抜いて良いのかというと、そういうわけではない。調べさせると、どうも台風が過ぎたあとに集中的に建ってくるようだ。さらにくわしく調べると、そのメーカーは、すわ台風というときに全員出勤して二十四時間待機するらしい。顧客から家が雨漏りしてきたという通報があると、ただちに駆けつける。といっても、危くて屋根には上がれないし、その場での修繕はできない。行って何をするかというと、バケツと金ダライを持って、お客さまと一緒に雨漏りを受けてまわる。「雨風がやんだらすぐ来ます」という約束をして帰る。そして、やんだらすぐに行く。これで〝あのメーカーなら安心だ〟という評判が口コミでさっと広がるのである。

これこそ、私がやりたい、理想とする営業である。現場主義の極致である。住宅は〝口コミ産業〟であることを思い知った。

建設事業の営業に気のゆるみは、あってはならない。

朝礼は八時半だが、時折、営業が一人、二人とおくれてくる。そのまま追い返す。あるいは終了するまで立たせておく。目にあまるときは営業課の連帯責任として、課長以下全員に往復ビンタを与えたこともある。石橋オーナーの考え方をつづった「わが社の行き方」という小冊子があるのだが、この冊子で頬《ほお》を打つのである。むこう一カ月の営業目標である月初報告を大幅に狂わせる管理職、部下に対する指示や点検確認にぬかりのある管理職も、これをまぬがれない。

四面楚歌《しめんそか》

私は戦国時代の〝一騎駆け〟を心がけた。一国の主たるもの、大将たる者が真っ先に馬に鞭《むち》をあて、館を飛びだす。めざすは合戦場である。諸将があわてて後を追い、足軽がそれにつづく。織田信長は、鷹狩りでも合戦でも常にそうであったという。

ところが、一騎で駆けに駆けてうしろを振りむくと、誰もついてきていないのである。信じがたいことだった。支店長が率先垂範しているのに、なぜきびきびと動かぬのか。また往復ビンタである。支店長の意を体《たい》して課員を鼓舞すべき課長に対しては、胸元をつかんで叱責したこともあった。

鬼と恐れられた。

女房にいわせると、毎晩、寝言で大声で怒鳴り散らしていたという。

いまから思えば、若気のいたりであった。

社員に、その発想、その行動がなぜ必要なのかを理解させ、やる気を醸《かも》し出す前に、自らの情熱だけで突き進んでしまった。

張りきれば張りきるほど、四面楚歌となった。

不安と焦燥と怒りに駆られて叱りつけ、そうすることで社員を萎縮《いしゅく》させ、心を冷えこましてしまった。

赴任して半年たった時、創業者の石橋信夫社長が現場視察にやってきた。

あとから考えると、このとき、石橋オーナーから大事なことを教えられ、また試されてもいたのである。

「あいさつまわり、いこか」とオーナーは、午前十時頃、支店に着くなり、いきなり言い出す。「まず知事のとこからや」。

そういう予告は受けていないし、指示もされていない。しかし、そういうことになるだろうと、私はあらかじめアポを入れておいた。

知事、市長、住宅供給公社理事長、市の企業局長と要所を回り、地元の百貨店に案内し、宇部市に足を伸ばして、地元大企業である宇部興産にあいさつをと引っぱりまわしていると、午後二時を過ぎている。

「めし食わせてくれや。お前ンとこは昼飯も食わへんのか」といわれて、はじめて気がつくくらい、夢中だったわけである。私も食事は速いが、オーナーも速いらしく、五分でぱっとすませるとまたあいさつまわり。最後に山口支店と道路をはさんでむかい側にある日本電信電話公社（現在のNTT）山口支部に入った。支部長と次長の個室にそれぞれあいさつにいって、もうよかろうと出ようとすると、「ちょっと待てや。いつもお世話になってる窓口の人はどなたや」といわれるから、総務の課長と係長ですと答えると、「その人らにあいさつしとかなあかんやろ」と、くるりとUターン。

「お世話になっております」と係長にあいさつするオーナーの姿勢が、名刺を両手に持ち、膝頭《ひざがしら》を拝むくらいに深く腰を折って、つまりは知事にあいさつするのとまったく同じ形であった。ハッとして、顔なじみの係長に私も腰を折る。顔を上げかけて様子をうかがうと、オーナーはまだ頭を下げている。

感銘を受けた。その夜、旅館にくつろいだときに、「今日は、日頃お世話になっている人へのあいさつ。あれは私に教えてくださったんですね」というと、オーナーはしばらく黙っていたあと、「気がつくやつもおるし、気がつかんやつもおるけどな」といわれた。オン・ザ・ジョブ・トレーニング。実践の中での教育であった。

教えとともに、この日、オーナーから試されてもいたというのは、こういうことである。オーナーは常々、事業所長会議などで、支店長たる者は着任したらすぐ、県内の名士・要人にあいさつをし、人脈を築いておけと、口を酸っぱくして言っていた。この日、オーナーは私がいつ名刺を出すかを、じっと見ていたのである。

私はすでに県内の要人たちとは顔見知りになっていたので、カラ手で社長を紹介することができたが、もしも社長の尻馬にのって名刺を出すようなことがあれば、ただちに支店長失格の烙印《らくいん》を押されていただろう。

「長たる者は、決断が一番大事やで」

あいさつ回りを終えて旅館に案内し、帰ろうとすると、「晩めし、食うていけや」。食事がすむと、「樋口くん、一緒に風呂に入ろうや」といわれる。旅館の主人が、「支店長さん、そら失礼でっせ」と止めにきたが、石橋オーナーは「いや、かまへん」と。

気がつくと、湯舟につかっているオーナーの背中に向けて愚痴をありったけぶちまけていた。笛吹けど踊らず、走っても走っても、うしろを振向くと誰もいない。支店長がこんなに孤独なものとは思わなかった、と。

愚痴が終るまで黙って聞いていたオーナーが、ふっと向き直ると、「樋口くんナ、長たる者は、決断が一番大事やで」とひとことだけ言われた。

そうはいうがなとか、こうしてみろとかは、一切ない。ただひとことである。信念を持って進めと、そう私は理解した。胸がすっきりしていた。

私はその日から、社員の一人ひとりと朝に晩に、マンツーマンで徹底的な対話を始めた。

住宅業界で勝ち進むには、お客さまの支持があってこそではないか。

販売拡大の根幹は「サービス力」だろう。

顧客サービスの最大のポイントはなにか。「スピード対応」だ。

今日、今月、今期はどこまで仕事を進めるのか、目標を持とうではないか。

俺はこういう思いでやっている、お前もホンネを言え、もう怒らない、といってじっくり話し合っていった結果、私が往復ビンタをしたのも、課長の胸倉をとったのも、一生懸命のあまりそうしたのだということを、皆がわかってくれた。

社員が充分納得し、がんばり出してくれたおかげで、山口支店は翌年、日本一の支店になった。社員一人当りの売上高、利益高でトップに立ったのである。支店評価でABCを超えて「S」評価を獲得した。

名将・山本五十六《いそろく》は、「やってみせ、言って聞かせて、させてみて、褒《ほ》めてやらねば人は動かじ」と語ったというが、まさにその通りであった。以後私は、今日にいたるまで、社員に「やる気」を出させるには、徹底対話によるコミュニケーションが一番と信じ、実行している。

ビンタをくらわせた営業課員も、胸倉をとった課長も、その後、異動になるつど手紙をくれたり、電話で近況を知らせてくれている。

人の縁《えにし》は苦情から

山口支店長を二年務めたあと、私は一級職（役員の手前）として福岡支店長を命じられた。三十八歳。「赤字の福岡支店を建て直せ」との命令であった。

着任早々、九州地区の事業所長会議があり、福岡支店長としての第一声で私は、「支店が良くなるも悪くなるも、長の一念で決まる」といった。同席していたオーナー・石橋社長が、「その通りや！」と机を叩き、「こんどの支店長を殺すようなことをしよったら、わしが許さん」と大声で言われた。歳上の社員もいる、大支店の歳若い支店長である私の身を思っての、強烈なバックアップであった。

支店長は陣頭に立つ。事務所で事務をとる気はない。朝から晩まで現場まわりを徹底する。そうでなければ、市場の動向も産業界の動向もわからない。お客さまからのクレームには、すべて私自身があたる、と私は宣言した。

クレームといえば、実にさまざまなものがあった。

住宅の納期がわずかにおくれたために、予定していた結婚式も新婚旅行もすべてフイになった。破談になった、どうしてくれるというクレーム。

ピアノを置いた部屋が傾いたと、ビー玉を転がしてみせる客。廊下の床際の幅木（化粧板）に塗られたニスに濃淡がある、と虫眼鏡を持ち出す客。浴室のタイル敷きが一ミリ狂っていると、ノギスで測ってみせる客。粘液質な方もいれば、いきなり鍵を投げつけたり、畳にドスを突き立てるタイプもいる。

誠心誠意、直せるものは直し、直らないものには土下座をしたこともある。それでも支店長が自ら行って、誠意をもって対話し、工夫すればたいていのことはおさまるのである。

あるときは、大きなクレームがいきなり本社の社長のもとへ文書でとどけられた。本社から副社長がやってきたが、「ここは私の管轄です。支店長は社長の代理。私が解決します」といって帰ってもらった。クレームの主は「社長を出せ。ちんぴらでは話にならん」と言い張って、私は追い返されるのだが、何度でも行って、「わしがここの社長やないですか」と、とことん粘る。「そこまで言うなら、あんた全責任持てるんやな」「持てます」というやりとりがあって、これも結局は解決した。クレームの主とは、たいてい最後には仲良くなる。

人の縁というものは、苦情からこそ生まれるのだ。不具合に対し苦情をいわずにすますお客さまからは、二度と仕事はとれない。

後年、大和ハウスの責任者となって見ていると、支店長の中には、部下に処理を押しつけたり、自分の担当する以前の話で関知しない、といって逃げるのがいる。それだけで、その人物の度量・力量・器量がわかってしまう。

「凡事徹底」

福岡支店はなぜ赤字続きなのか。

それは〝信頼の連鎖《れんさ》〟ができていないからだ、と私は考えた。注文には迅速・正確に応じる。クレームにも誠意とスピードをもって応える。そうしたなかで大和ハウスという会社に対する信頼が芽生え、口コミで顧客の輪が拡がる。その連鎖ができていない。

私は手始めに三人の元気な女性社員を選抜し、社外からの電話に集中的に待機させることにした。電話のベルが鳴ったら一度でとる。決して二度は鳴らさない。「おはようございます。大和ハウス工業福岡支店でございます」と朗《ほが》らかに応答する。用件はただちに担当者につなぎ、本人が不在なら代理の者がかならず用件を受ける。たとえば「支店長が参上しますが、本人が戻るまでのあいだ、私でよろしければすぐうかがいますが」と答える。

他人事と思って電話に出ない。取次のあいだ応答テープを延々と聞かせる。たらいまわしにする。行動がスローモーである――。こうしたところから信頼は瓦解《がかい》してゆくのだ。

明るく元気な対応態勢をとりはじめて間もなく、多くの人から、「気持がいい」「大和ハウスさんに電話すると元気をもらえる」といった声が寄せられるようになった。

私はこれを「凡事徹底」と呼んで励行させた。報告・連絡・相談のいわゆる「ホウレンソウ」はむろん大事である。だがその前にもっとあたり前のこと、明るいあいさつ、思いやり、整理整頓等々を励行する。それによってお客さまの好感度が高まり、また自分自身、会社自身も鼓吹されていくのである。

技術系七人が一斉辞表

原価の削減は、工期の短縮とならんで、黒字化のための枢要なテーマである。コストダウンの余地のあるところを、目を皿にして探し出していく。そうしたなかで、福岡支店の技術系社員が七人揃って辞表を出そうとする事件があった。それは、資材課長に、

「基礎杭の仕入れ値段を下げてもらえ」

と命じると、「もう限度いっぱいです」というから、「限度いっぱいいって、お前の意見を聞いとるんやない。杭メーカーへ行って社長と直談判してきたのか。それからの話だ」と

交渉に行かせたところ、「今回は例外的に下げてもらいました」というから、「今回は例外って、お前はどっち側の人間や、やるべきことをやらずに、どやしつけられて行った結果やろ。そんな甘い原価意識で、競争に勝てるか」と絞りあげたのだった。

そんな折、設計にも無駄があって、叱りつけると、設計と積算の課長が四の五のいうから勢いで「辞めてまえ」「辞めますわ」、と売りことばに買いことばで、技術系の七人が談合して退職しようかという騒ぎに。これも一人ひとりじっくり話しあって元の鞘《さや》にもどったのだが、このようにコストダウンを徹底させたことが、翌年、福岡支店を黒字に転換させる大きな要因となったのである。

人事担当専務と大勝負

ところが、春の昇給時になって、自分に下された査定を見ると、ABCのランクのうちで「C査定」になっている。「C査定」などこの会社に入ってから経験したことがないから、ブロック長に抗議をした。ブロック長というのは九州各県の支店を束ね監督する立場で、役員がこれにあたる。九州ブロック長の部屋は、福岡支店の中に置かれている。

「C査定とは、平均的な働きしか期待していないということですね。私はあまり期待されていないということですな」

するとブロック長は、

「僕はそんな査定はしていない。それは本社の人事で修正されたものや」

というのである。

本社の人事に電話をすると、「人事担当専務が調整されました」という返事。ならば直接、専務に電話するまでである。

「賞与は結果に対する報酬ですね。昇給というのは、向う一年間に対する期待度でしたな」と私はいった。

「そうや」

「だったら、私はあまり期待されていないわけですな。今回はじめてC査定をもらいました。だから自分の気持ちがどうも納得できません。確認させてもらいますけど、そういうことですな」

「そうやない。きみの給与ベースは同年代の人と比べたら、飛び抜けて上におる。だからちょっと調整した」

「そんなむちゃな話はないでしょう。それは毎年毎年の積み重ねとして現在のベースになったのであって、理由があって昇給した人間を、高いから調整するちゅうのは筋がちがうのとちゃいますか。おっしゃることが私は理解でけん」

すると相手は、まあそういうてもとか、ねちねち話をされるから、

「もうよろしいですワ。けっこうです」

とバーンと電話を切った。

先方からすぐまたかかってきて、総務課長が、「専務から電話です」というから、「出ていった言うといてくれ」と。夜帰宅すると、家まで電話がかかってきて、「専務さんよ」と女房。これにも「まだ帰ってへん言うとけ」。

三日目になると、地区担当役員のブロック長が降りてきて、「支店長、たのむから電話出てえな」という。ぴーんときて、これは専務がブロック長を責めているなとわかったから、ブロック長の部屋へ行って、そこから電話をした。

「何回も電話もらったようで、失礼しました」と、これは礼儀であるからそう切り出した。「ただし先般のお話でしたら、私は絶対に納得できません。先に申し上げておきます」というと、「わかったよ。もうええ」と修正が約束されて一件落着となった。

これは幼い時からの私の性分だが、納得のいかないことはどうしても放《ほう》っておけないの

である。

「一つ上の仕事をせい」

福岡支店時代に、石橋オーナーから教えられたことがある。

オーナーは「現場主義」の言葉通り、よく全国の支店、事業所を視察されたが、ある時、福岡の支店長室で、「樋口くん、いま熊本はどないなっとんねん」。宮崎はどうだ、鹿児島の状況はどうだと質問される。ブロック長も同席しているわけだが、その頭越しの質問である。「社長、ちょっと待ってください。私、福岡の支店長です。それはブロック長にきいてもらわなあかんのとちがいますか」というと、委細かまわず、

「福岡支店いうたら九州の玄関口やろ。九州の母店やろ。樋口くん、九州全土で社員は何人おんねん」

「工場の従業員もいれますと、四百六、七十人やと思います」

「たったそれだけやないか。おれは二十三歳のときにソ連軍の捕虜になり、千人の兵隊を率《ひき》いてシベリアに行った。千人全員に気くばりでけないかん。四百人や五百人の顔ぐらい覚えておかんかい」

のちになって思いあたるのだが、これは、「常に一つ上の仕事をせい」という教えなのだった。

三人のオヤジ

私には「オヤジ」と呼ぶ人が三人いた。

ひとりは実の父・樋口富太郎。大和団地六十八億円の連帯保証で苦しむ私を、夢枕に立って叱咤《しった》してくれた父である。口数の少ない人だったが、私が二十五歳で鉄鋼商社から大和ハウスに転職しようとした際も、周囲からは反対の声もあったのだが、「悔いのないよう、お前の人生、お前がきめたらええ」と背中を押してくれるなど、要所要所で私を支えてくれた。晩年の両親を雲仙や日光などに、よく旅行に連れていったものだが、私が四十六歳で役員になる年の一月に七十一歳で亡くなり、役員になった姿を見てもらえなかったのが心残りである。

もうひとりの「オヤジ」は、いわずと知れた石橋信夫大和ハウス工業創業者、私を経営者として育ててくれた大恩人だ。

石橋信夫というひとの凄さ、ライオンのように果敢でしかも情愛にも富んだ、その存在の大きさを伝えるにはいくら言葉をついやしてもたりないが、あの不撓不屈《ふとうふくつ》の精神は生まれ落ちたときからのものだろうと、私は思っている。

「私は吉野の山ザルだ。山に生まれ、山に育った」と石橋オーナーは『私の履歴書』の第一行を書きおこしている。

奈良県吉野郡川上村。周囲を一千メートルを超える山々に囲まれ、切れこんだ谷底を流れる吉野川のほとりに生家があった。大正十（一九二一）年九月九日、姉二人、兄四人のあと七番目に生を享《う》けている。生家は植林、製材を家業とし、主として四斗樽の材料となる樽丸をつくっていたということだ。

この、吉野郡川上村に生まれたということに、じつは大きな意味がある。川上村は足利幕府の擁《よう》する北朝と対立した南朝の拠《よ》った土地で、南朝百二十二年の歴史を閉じてから五百五十年、いまなお南朝敬慕の思いが息づいている村なのだ。南朝最後の自天王《じてんのう》はここで暗殺されたのだが、王子の霊をなぐさめる「ご朝拝式」という鎮魂の行事が、いまも毎年行われている。村の長老が、「ことしこそ北朝に対して決起すべきであろうか」と問うと、ほかの長老が「まだその時期ではない。隠忍自重《いんにんじちょう》すべきである」と答えて儀式を終えるのだと聞いて、たいへん驚いたものだ。

石橋少年はその村のなかでも評判の暴れん坊だったといい、「私に尋常でない闘争心があるとすれば、この村の無念さが乗りうつっているからにちがいない」とオーナー自身書いているが、反骨の気概は私たちから見ても、すさまじいものがあった。

満州時代、九死に一生

戦争中の思い出話も何度となく聞く機会があった。

昭和十七（一九四二）年十二月、関東軍第一師団歩兵第五十七連隊の小隊長として、満州黒竜江省《こくりゅうこうしょう》・孫呉《そんご》へ。ソ連国境に近い極寒の町である。水に濡らした手を、零下二十五、六度の外気にわざとさらし、凍傷になったうえで自分で揉んで回復させる荒っぽい「凍傷訓練」の話も聞いた。瞼《まぶた》がくっついて、目が開かなくなるが、これを経験しておかないと、危険なのだとも。

敵の機関銃座を前にして、突撃を命ずる無茶な中隊長指令が後方からとどけられた。いま壕《ごう》を出たら六十人の部下が犬死だと命令を拒否、敵が退《ひ》いて帰隊後、強烈なビンタを十発くらったエピソードもある。

昭和十九（一九四四）年二月二十二日、石橋オーナーの運命を変える出来事が起きる。

歩兵第五十七連隊にグアム島への出撃命令が下され、出動の前の猛演習が続いていた。二十二歳の石橋信夫陸軍少尉は、速射砲隊の小隊長として指揮をとっていたという。雪中演習のため、砲は車輪をはずしてソリに乗せ、馬に牽引《けんいん》させていた。そのとき、馬がなにかに驚いたのか暴走し、倒れた石橋少尉の背に一トンのソリが乗り上げてしまう。

人事不省の状態が長くつづき、意識がもどったあとも腰から下が完全にマヒしている。診断の結果は「脊髄《せきずい》打撲損傷機能障害症」。尾骨から頭までのギプスに固められて、半年ののち、大連《だいれん》の陸軍病院へ。一時はひそかに自決も考えたというが、ここで名医に出会う。あらたに転勤してきた水上哲次軍医大尉である。一升酒を肴《さかな》もなしに飲んでから手術にかかるという、豪放なヒゲの軍医だったが、治療不能とされていた石橋少尉の治療法を、ドイツ語の原書を読んで熱心に研究、脊髄に食塩水とビタミンBを注入することを決断した。

注入の結果は、一晩中、発熱とはげしい嘔吐《おうと》症状が出たものの、朝を迎えると、かすかに〝下半身が在《あ》る〟という感覚を得たのだという。石橋少尉も水上軍医もともども勇み立つ。注射が二十回を超えるころには、ベッドの上に起き上がることができるようになり、壁を伝って歩けるまでになった。奇跡であった。

一方、グアム島の守備にむかった第五十七連隊は凄絶な戦をしいられ、中隊長、小隊長ことごとく戦死したという。まさに運命を分けた事故だったのだ。

シベリア収容所で「ハラを切る」

昭和二十（一九四五）年八月八日、足を引きずりながらではあるが、陸軍病院を退院、孫呉の原隊への復帰をはかった。あとでわかることだが、極東ソ連軍はこの日の夕刻までに満州との国境沿いに攻撃部隊を集結させ、翌九日の全面侵攻に備えていたのである。二日前の八月六日には、広島に原子爆弾が投下されていた。

停戦。そして武装解除。ソ連軍から残留を命じられた大隊長に代わって、石橋少尉が一千八人の捕虜を率いることになるが、一行は森林鉄道の貨車に押し込まれ、シベリアの奥深く、クズネチーハ第三収容所第十分所へ。深い雪の中での巨木の伐採作業が、過酷なノルマとともに連日つづく。待遇は劣悪で、わずかな黒パンとスプーン一杯の砂糖、薄いスープ。ビタミンも欠乏し、捕虜たちはばたばたと死んでいったという。

ついに石橋大隊長は軍刀を手に、収容所長室に乗り込んでいった。

「スターリン大元帥も承認した国際捕虜規定を守ってくれ。これが容《い》れられないならば、私はここでハラを切る」と軍刀のサヤを払ったのだ。国際捕虜規定では医療や食事、防寒など人道的な扱いをするよう定めている。「米、魚、肉をよこせ。防寒衣服を支給せよ」と迫った。一千人の命を預かっているという責任感からであった。

所長は飛び上がらんばかりに驚き、「カピタン、待ってくれ。ハラキリは待て！」と、駆けつけた上級中尉と二人がかりで石橋大隊長の手を押さえ、待遇改善を約束したという。この決死の要求によって、一週間後、米、塩鮭、ヤギの肉、防寒着などを積んだ貨車が到着、捕虜たちは久しぶりに人間らしい食事を口にすることができた。

しかし、石橋大隊長にはきびしい拷問が待っていた。隊員を策動し、作業を忌避した、収容所内の民主化運動に批判的だったなどの罪名である。棺桶を縦にしたような長方形の箱、通称〝洋服ダンス〟に閉じ込められた。高さ一・八メートル、奥行き六十センチくらい。内部にはたくさんのクギが出ているため、もたれることもできず、真っ暗な中、ただ立っているしかない。罪状を認めれば即極刑だろうし、黙秘すれば箱からは出られない。どの道、たすからないなら、人生に悔いを残すまいと徹底抗戦を決意したという。

事態が思わぬ展開をみせたのは、証人の登場のおかげだった。ほかならぬソ連軍の警備小隊長が、「石橋は将校でありながら、進んで作業を指導し、先頭に立って働いた」と好意的な証言をしてくれたため、最悪の事態をまぬがれたのだ。

各地の収容所を十八カ所、転々とさせられる。行く先々の収容所には、旧日本兵の〝にわか共産主義者〟があふれていて、「軍国主義ファシズムの石橋打倒」と吊し上げられたが、反骨をつらぬき通す。昭和二十三（一九四八）年八月、引揚船「山澄丸」でようやく日本の土を踏んだ。

事業のきっかけは、思いがけないところにあった。ジェーン台風である。昭和二十五（一九五〇）年九月三日、近畿地方を瞬間風速四十三・二メートルのジェーン台風が襲い、二万戸近い家屋が倒壊、各地の河川がはんらんした。故郷・吉野の被害状況を調べにもどったオーナーは、ふと水田の稲穂が揺れているのに気づく。家は軒並み倒れているのに、稲は折れていない。家のまわりの竹林も元のままである。なぜだ。ここでハッとひらめいたのだという。丸く、中が空洞だからではないのか。パイプだ。鉄パイプで家をつくったらいい！

折から政府も木材不足に対応するため、代替資源の使用を推進しようとしている。まさに時宜《じぎ》にかなっていた。昭和三十（一九五五）年四月五日、大和ハウス工業設立。以後、卓抜なアイデアと先見性によって会社を発展させていくのである。

——以上が、オーナーから何度となく聞かされてきた半生の記、つまりは大和ハウスのプレ・ヒストリーである。戦争に行って、命をかけて戦ったけれど、結局はお国のためにならなかった。死におくれて帰ってきたときは二十六歳。なんとか日本の真のお役に立つ形で生きたいと考えてきたが、住宅を工業化することで国民生活に寄与することができたのは、「わしの誇りや」と常々いっていたものだ。

難局にあってもくじけない、不撓不屈の精神を持ったこの巨人と出会えたことを、私はつくづく幸福に思う。

万年床に札の束

そして私には、福岡時代に出会った、もうひとりの「オヤジ」がいるのである。名前を小田さんという。

土木工学の泰斗《たいと》で、息子さんは身体が弱かったけれど天才肌の人物。娘さんも学者、その夫も九州大学の教授という学者一家である。小田先生は国の内外に多数の橋を架けられたが、空襲でたいていの橋は落ちたのに、先生の橋だけが残った。それで進駐軍がスカウトにきたくらいの技術者だったが、招請をことわって、戦後は先祖の残した山を、一人でこつこつと開発していった。

先生との出会いは、〝飛び込み〟だった。太宰府にある先生の山は六百区画くらいの住宅地に整備されており、住宅会社数社が競争で仕事の依頼に出向いていた。福岡支店長としての私は、一軒一軒の住宅の注文をとりに歩くのが支店長の仕事ではなく、お客さまの欲しがるような土地をみつけ、段どりをするのが仕事だと考えていたので、先生の屋敷へ飛び込みでいって、土地をわが社に売らせてほしいと頼んだのである。

当時、先生は歳の頃、七十代半ば。地元では〝変人〟などとも呼ばれている人で、三百坪くらいの屋敷だったが、他人を家に上げたことがない。

私も玄関先で話をするだけだったが、何度も通ううち、ある日、「支店長さん、今日はどうぞお上がりください」といってくれた。

「いやいや、ここで結構です」と辞退すると、その時私は最大級の言葉をもらったのだ。

「私は国内、国外を通じて何万人という人と出会いがありましたが、あなたのような人は初めてです。ですから、どうぞ遠慮なく上がってください」

と言われたのである。

きょとんとしながらも、ありがたく上がらせてもらうと、先生は、「お茶を淹《い》れさせよう」と部屋を出て行きがてら、敷いてあった寝床を、「こりゃいかんな」といって折り畳んだ。そのままふり向きもせずに離れのほうへ歩み去るのだが、見ると布団の下には一万円札がびっしりと敷きつめられている。

先生は戻ってくると、「こんなに散らかして」と一万円札をかき集めると、勘定もせずにわしづかみにし、「はい、お小遣い」と差し出すではないか。びっくりして、「いや、仕事でお世話になってますのに、こんな、いけません」というと、「ええがな、ええがな、支店長さんも部下を連れて中洲へ行くことあるやろ。そういう時に使いなはれ」と、まるで息子に小遣いをやるような調子である。

いろいろ仕事の注文ももらい、昵懇《じっこん》になって通わせてもらった一年後のある日、先生は姿勢をあらためると、

「支店長さん、あなた、独立して会社を起こされたらどうですか。私の資産はいろいろ自分なりに計算してみたら二、三十億はあるでしょう。それをもとに事業をされたらどうか。三十億、あなたに任《まか》せますよ」

と言い出した。屋敷のほかに、太宰府の宅地、福岡市内にビルと駐車場、その他まだ開発していない土地もあり、しめて三十億。一九八〇（昭和五十五）年のことだから、現在の貨幣価値でいえば百億近くになるだろう。

私は即答できなかった。「そこまで言っていただいて、たいへん光栄です」と言うのが精一杯だった。

そのときの私の心境を説明することはむずかしい。

私は大学生の頃から〝いつかかならず事業家に〟と心をきめていた。三十歳でオーナー経営者になろうと、商業事務やお金と商品の流れについての勉強にもいそしんできた。何枚もの〝人生設計書〟を書き、三十歳のときには、もう少し勉強して四十歳で事業家に、と目標を定めた。自分の旗を立てたい思いは、変っていない。

いまが、その四十歳代である。事業には原資が必要である。

しかし一方で、石橋信夫という第二の「オヤジ」の教えを受け、試されながら、いくばくかの信任を受け、山を一歩一歩登ってきたことの昂揚感がある。恩義もあるし、もっと薫陶を受けていたいとの思いもある。

うまく言葉にできぬまま、錯綜した気持ちを正直に口にした。

「よくわかる」と先生はいった。「それと、不安もあるんでしょう」。

それもまた見透かされた思いだった。単身で立つことへの不安なのか――、なにかつかみがたい不安があったのも事実だった。

「あなたは勤め人をしても、独立して事業をしても成功すると思う。ご自分の納得できる道を選ばれたらいい。いずれにしても成功されるでしょう」

と先生はいってくれた。

それにしても、小田先生から全資産を預けるとまで見込まれた理由はなんだったのだろう。私には、これといってまったく思いあたるところがない。しいていうと、〝駆け引き〟というものを絶対にしなかったからかもしれない、と思ってみることはある。凡事に徹するというか、石橋オーナーの教え通り、熱意と誠意でぶつかっていっただけのことだった。

先生は八十歳で肺癌《はいがん》で亡くなられた。家族以外面会謝絶のなか、病室に入ってお別れしたのは私だけだったと聞いている。葬儀の折、先生の娘さんが、「父は晩年、支店長さんを息子のように思っていましたね」と言って下さったが、三人もの「オヤジさん」に恵まれたことは、私の人生でこの上ない幸せだと思っている。

医者を七人とり替える

小田先生から思いがけない話のあったその年から、私は立てつづけに長期入院をすることになる。一度目は、原因不明の胆嚢《たんのう》炎で一カ月の入院。二度目はその胆嚢炎も関係しているのかもしれないが、猛烈な腰痛のせいであった。

座れない。上を向いて寝られない。かろうじて、うつぶせになる。病院では暴れる私を押さえつけて痛み止めを打つのだが、これも効かない。注射を二本打ってもまだ唸っている。痛みのある間は、自分ではシモのこともできない。

痛みはとれてきても、原因はわからん、熱は下がらんというので、苛立《いらだ》った私は医者を七人、病院を二回とり替えた。

七人目の医者が、「へんなことを聞くようだが、あんた、若いときはどんな生活をしていたの」と聞くから、〝朝は朝星、夜は夜星〟、睡眠四時間で働き勉強したという話をすると、医者は、「そんなこと、信じられんようなことですね」というから、「先生、いま私が先生に嘘ついて何の得があるんですか、事実を話しただけですよ」というと、「あんたはいいときに倒れた」というのである。「長年の疲労がたまっていた」と。

二度目の入院も一カ月かかったのだが、人間、身動きがとれなくなると何を考えるものかがよくわかった。

「地位も名誉も金も、ぜんぶ要らん」

そう考えるのである。もう一度、自分の足で歩きたい。究極、その一心である。

結局は、強引に退院した。ようやく痛みはとれた。熱はまだ下がらないが、なぜ下がらないかと聞くと、それをいま調べていますと相変らずの返事である。「ええかげんにしてくれ」といって飛び出したのだった。

表通りを歩くと、ニコーッと笑みがひろがってくる。自分の足で表を歩けるうれしさで、とめどなく笑いがこみあげてくる。すれちがう人が皆、振り返って見ていく。

このとき、

「おれは、独立せんほうがええな」

とはじめて思った。事業を起す夢は二十年抱きつづけてきたが、オーナー経営者になる自分がこの体《てい》たらく、前線を離れるようでは会社はもたん、そう見切りがついた。

思えば、小田先生から起業をすすめられたときに感じた、拠ってくるところのわからない漠然とした不安は、この病いを予知していたのではなかったろうか。

自分は自立を目標に、人の何倍も働いてきたように思う。それが自分の力と栄養になっている。夢に見切りをつけるとしても、もって瞑すべしだと思った。

「4Mでいけ」

ともかくも私は幸運にも〝病い抜け〟をはたすことができた。

福岡支店長を五年間務めたのち、一九八一（昭和五十六）年に東京支社建築事業部長に就任。それからの三年間、東京での勤務は、精神的につらいきびしい時期であった。部下は上司を選べないとは、よくいわれる言葉だが、悔しさをノートに書きつづった三年間でもあった。だが、過ぎ去ってみれば、忍耐を身につけた三年間でもあった。私が強くなった時期でもある。多くを語りたくもないが、最後の六カ月は、特建事業部長になり、一九八四（昭和五十九）年、本社に呼ばれ、取締役になる。

「特建」、すなわち「特殊建築」、いわゆるシステム建築のことだが、パネルを組立てるような工業化建築手法を一般の建築物に応用していく事業のことである。

私はこのメンバーに、まず頭の切り替えをもとめた。たとえば原価の削減。このことに安閑としてはいないか。工期の短縮に創意工夫しているか。品質向上に独自技術を活用しているか。

当時、建物は九二パーセントまでが五階建てまでだった。あとの八パーセントが高層ビル。ならばその九二パーセントで、他社が真似のできないことをやれ。

「4Mでいけ」

技術屋を集めて、私はこう号令をかけた。「4M工法」、つまり「無足場」「無コーキング」「無溶接」「無塗装」で建物をつくれと。

足場はなぜ要るのか。建ち上がって塗装をするのに必要なのだろう。ならばあらかじめ工場でパネルに塗装をすませておけ。パネルとパネルの間の隙間《すきま》を埋めるジョイントにはコーキング（充填剤《じゅうてんざい》）が常識化している。これをシリコンゴムに替えてみろ。鉄骨を溶接するとコストもかかるし、溶接工の技術によって品質にばらつきが出る。すべてハイテンションボルトで留めてみろ。誰が留めても品質は均一だ。

「そんなことはできません」

技術屋が総スカンで反発してきたから、私はカミナリを落した。

「試してもみないで、でけませんとはなんや！　お前らの頭はカンカチや。堅パンよりもっと硬い。既成概念でしかものが考えられん。おれはそれをぶち壊してやる」

耐火性のあるシリコン系のゴムメーカーも自分で探し出したし、一歩一歩開拓をしていった。現在、住宅はことごとく「無コーキング」である。高層ビルの建築現場を見ても足場などないのは、ごぞんじの通りである。

「親分は一人でいい」

創意工夫。そして、闘ったら、必ず勝つ。その信念である。

名古屋で地区のスタッフを集めて特建の研修会を開いたときのこと。例によって「きみらは常識にどっぷり漬かっとる」。このように改めろと指示すると、翌日所長から電話があって、

「私、親分は一人でいいのですけど」

という。それでわかった。名古屋にはブロック長の常務がいて、べつの指示を下しているのだな、と。私はすぐ常務に電話をかけ、「特建の事業部の方針は会長、社長とすべてすり合わせずみです。それでやらせてください。ちがうことをやらせようとするのでしたら、私を通してください。組織を乱してもらっては困ります」と申し入れた。

常務は「わかった」という返事で、以後、横ヤリの入ることはなかった。

五十人の特建所長たちは、事業部長が自分たちを守ってくれているといって私を支えてくれたが、私は、

「おれはそこまで、からだを張った物言いをしているから、なにかチョンボがあれば、ウ

チの事業部は叩かれるぞ。それは覚悟しておけ」

と言い聞かせたものだった。

事実、上席役員にはなんとかして私の足を引っ張ろうとする動きもあった。会議を開こうとすると、それを見すまして外から私を、あるいはスタッフを呼び出しにかかる。邪魔立てである。特建事業部長になったその年の六月、私は取締役に推挙されたが、なかには私を呼び出して、「きみは四十六歳、まだ若い。同年輩社員との調和も大事だし、もっと勉強も必要だ。今回は役員を辞退したほうがいい」などと持ってまわった言い方をする役員もいた。

「私を推挙してくれた人がいまそう言われるのなら従いますが、あなたの言葉に従うつもりはありません」と、もちろん相手にしなかったのであるが。

弟の真心

特建事業部では、工事も大きいだけに、厄介なクレームもあった。からだを張って対応したが、そうした時代を思い起こすにつけ、胸に迫ってくるのは弟が示してくれた真心である。

弟は三歳年下。身体つきは丈も幅も、私よりはるかに大きく、表向きはやんちゃ坊主の代表であった。高校ではラグビーの選手だったが、他校のボクシング部員とメンチを切った切らんと喧嘩になり、タックルでかつぎ上げると水槽の中に叩き込んでけがさせたり。おふくろが始終学校に呼び出されていたものだった。土地の親分とのつきあいもあったようだが、ついに組には入らなかったのは、妹に不都合がおよんではいかんと考えた様子だった。心根のやさしい男であった。

やんちゃが過ぎて、一度は父から勘当されたのだが、調理士になって大阪の鶴橋で飲食店をやり、勘当も解けたといった顚末《てんまつ》もあった。私の大阪本社時代、一度、若い衆をふたりつれて訪ねてきて、めしを食ったことがあったが、

「兄貴は表街道を歩く人間や。もしも裏街道の人間と揉めたら、絶対に出たらあかんよ。裏街道の話はおれに連絡してくれ。おれにはいろんなルートがある」

といってくれた。

のちに東京に出て蒲田で飲食店を始めたときは、地元の組から〝みかじめ料〟の要求があったのを、〝自分の店は自分で守る〟と突っぱねている。後日、〝ええ度胸しとる〟というので親分と仲良くなったということだった。

弟はしかし、五十歳で亡くなってしまう。ＡＬＳ（筋萎縮性側索硬化症）という難病にかかったのだが、タバコを吸うのにも、肩から手先にゴム紐を吊って吸うような辛さのなかでなお、「兄貴、困ったことがあるんじゃないか。なんでも言ってくれ」と、こちらを気づかってくれるのだった。

実際になにかを頼むということはなかったが、その心遣いが身に沁みた。私は家族みんなの運をこの一身に貫いうけ、守られているという気がしてならない。

一九八九（平成元）年、常務取締役、九一（平成三）年、専務取締役に。そして九三（平成五）年、大和団地の社長に転じ、ついで第二の〝青天の霹靂〟、「大和ハウスと大和団地を合併させる。帰ってこい。社長をやってくれ」との石橋オーナーの命に応じて二〇〇一（平成十三）年四月、大和ハウス工業社長になった。社会に出る前から「いつかかならず事業家に」、と思い定めて走ってきたが、曲りくねった道や登り坂のはて、気がつくと一兆円企業を預かる身となっていたのである。

Part 3

熱湯経営で「大組織病」に勝つ

「帰ってこい。社長やってくれ」

実は、大和ハウス工業の社長を務めることになる一年前の二〇〇〇（平成十二）年四月、石橋オーナーらしいある〝仕かけ〟がほどこされていたのだ。

この年の三月期、ついに大和団地の復配を果たしたという時、オーナーが「樋口くん、大和ハウス工業の非常勤の役員を兼務しておけや」と言い出したのである。

「団地の仕事だけでも忙しいのに、非常勤でいてもなんの役にも立ちまへん。やめときまっさ」

大和団地が息を吹き返したいま、さあこれからだと思っているから、そう答えると、

「まあええから、入っとけ」。それで六月に非常勤取締役に就くと、八月にまた呼ばれて、

「樋口くん、合併しよう。対等合併や」

「えっ⁉」

「帰ってこいや。社長やってくれ」

来年四月一日を期してであるという。

まさか、そのためにあらかじめ大和ハウス工業の非常勤取締役に入れられていたとは。

不明な私は想像だにしていなかった。またも〝石橋信夫流〟にやられてしまった。

「そんなこと言うても、どっちも上場会社ですから」

「そやから、臨時株主総会を開いたらええがな」

「それに、対等合併というわけにはいかんでしょう。合併比率も決めなあかん」

「やったらええがな」

「時間おまへんがな」

「すぐにやったらええ」

「きみの休みがなくなるということや」

例によって有無を言わせないのである。大あわてで、両社の社員からなる合併委員会を発足させ、ともかくも十二月に双方が臨時株主総会を開催できるよう準備に入った。

こうした作業のなかで思い起すと、石橋オーナーの周到な〝仕かけ〟がもう一つあった。二〇〇〇年の初頭からオーナーは体調を崩し、もっぱら能登の山荘に逗留《とうりゅう》して病いを養っていたから、私は事業の報告に毎月のように山荘を訪ねていた。そうしたとき、奇妙なことにオーナーは、大和団地の社長である私にむかって、大和ハウス工業の役員人事を語りかけるのである。

私は意見をいう立場にはないのだが、目の前に座っていて黙り通すわけにもいかないから、あげられた名が役員にふさわしい人物だと思えば、「そら、よろしいですなあ」と相《あい》槌《づち》を打つ。するとオーナーは、「なんでええんや」と即座に反問してくるのだった。仔細《しさい》には知らない人の場合には、「そうですか」と平板に返し、ちょっと力不足ではと思われる場合には、「そう、です、か」と、これは声のトーンを下げた。

そういう場合、オーナーはじろりと見るだけで何も言わないが、後日発表された役員名簿を見ると、私が声のトーンを下げた人の名は入っていなかった。

不思議なことだと思っていたが、翌年になって突然、「合併だ」といわれ、二社の役員会でその実行をはかるなかで、「あっ」と合点がいった。私に合併後の新生・大和ハウス工業の経営を托《たく》すにあたって、暗黙のうちに、私のやりやすいよう役員会の陣容を整えてくれていたのだった。

合併議案は、一対〇・三の比率で総会を無事通過。するとオーナーいわく、「これから三月末までに大和ハウス工業の全事業所、支店、工場を回ってこいや」。

八年前、大和団地の全国に保有する土地をすべて実地検分してこい、と命じられたのと同じ指令である。

しかし、内情を知らない大和団地におもむくのとは、訳がちがう。大和ハウスには自分も三十年いたのだから、よくわかっていると言うと、石橋オーナーは、いまの時代の八年は大きな変化と考えねばならん、「行ってこい」と言い、こうつけ加えるのだった。

「一兆円企業の社長になるということは、きみの休みがなくなる、ということや」

たしかに、この八年間に六千人あまりの新しい社員が入っている。元専務だといっても、私を知らない社員も多い。顔を見せて、肉声を聞かせ、ビジョンを語る行脚《あんぎゃ》が始まった。

支店が全国六十七カ所（当時）、工場が十三カ所。旅程を考えると一日一カ所では間に合わない。

末席の非常勤取締役からトップの社長になること、三カ月間の〝股旅《またたび》〟に出ることを妻に伝えると、小さな吐息とともに、「また、会社に取られましたね」という一言が返ってきた。

青森の駅に深夜降り立ったときなど、履いているゴム長がずぶずぶと雪に埋まり、ズボンも靴下もびっしょり濡れてしまったが、そのぶん熱烈な歓迎を受けることができた。社員ばかりでなく協力会の各社の方々をも招待して懇談し、食事を共にした。「社長さんとこんなに気さくに話ができるとは。他社さんですと、社長はおみえにならんし、こられても話なんかできません」と喜んでいただけた。

合併のその日

二〇〇一（平成十三）年四月一日、この日、資本金一千百一億二千万円、総資産一兆一千三百四十億円、売上げ一兆円、社員数一万二千八百人の巨大企業が誕生した。

四月一日は、たまたま日曜日にあたっていた。新たに生まれ落ちた一兆円企業が、最初の一歩を踏み出す記念すべき日である。振替休日をとらせることにして、全役職員に出社を命じた。

大会議室に管理職六百人を集め、私はスタートにあたっての訓辞を行った。

「大和ハウス工業には、すぐれた経営資源があります。人・モノ・金・情報・信用です。とくに、第一線には元気のよい事業所も多く、たいへん楽しみですが、会社トータルでみると、平成八年度に単体で一兆一千六百億円の売上げを達成したときの勢いには及びません。合併を機に両社の組織および社員がうまく融合し、お互いに刺激し合って自らを高めてください。そして、将来に希望がもてる超優良企業をめざして、チャレンジしていきたい。

われわれが最優先でとり組む課題は〈受注の拡大〉です。〝販売なくして企業なし〟という原点に返り、全役職員がその具体策を考え実践していかなければなりません。どんなに良い戦略・戦術も、スピードなくしては充分な成果は得られません。効率的に時間とお金を使って、〈受注の拡大〉に全力でとり組んでいただきたいと思います。

私の役割は、皆さんがより一層のびのびと、自分の力を思う存分発揮できるような社内環境にしてゆくことです。主役はあくまでも皆さんです。いまこそプラス思考に徹し、飛躍のチャンスととらえ、目標の実現にむけて期首からスタートダッシュをかけていただきたい」

みんな、フリをしているだけ

日曜日だから、すぐさま営業に出るということはなく、各部門で朝礼をして訓辞の伝達をしているだろう。そう考えて私は、六階から十五階まで階段を上って各フロアをまわっていった。

管理職は訓辞を踏まえて、それをどう咀嚼《そしやく》し、自分の生きた言葉とし、各部署なりの事情に合わせた肉づけをしているか――。それを見て歩きたかったのである。

ところが、百人ほどの部員のいるある事業本部へ行くと、担当役員が朝礼をしているのだが、私が一番うしろに立っている部員の横で一緒に話を聞こうとすると、ちっとも聞こえない。となりの部員に、「きみ、聞こえとるのか」とたずねてみると、「聞こえません」という。もうひとりたずねてみても同じである。聞こえないと言わないほうもおかしいし、聞こえようと聞こえまいとおかまいなしの役員も無責任だ。話すほうも聞くほうも、フリをしているだけなのである。

これは、単なる朝礼ではない。会社の新しい第一歩を踏み出す日であり、また新年度の初日なのである。全役職員が四年前の全盛期の業績を回復し上まわるべく、決意を固める場である。同時に、新年度にあたって、各部門の責任者が方針を徹底させる場であるはずだ。にもかかわらず、この事業本部の担当役員は、全員を引き締める一片の気迫すらなく、おざなりにしゃべっている。部員らもお義理でならんでいるだけ。本部長の話など、どこ吹く風である。

「こらあッ！」。私は最後尾から大音声《だいおんじょう》で怒鳴った。「伝える気がないなら、話などするなッ」。

全員が一斉《いっせい》にまわれ右をする。

「しゃべっとる人間も、聞いとる人間も、なんのための朝礼やっとんのや。こんなものは形式主義やないか。誰もかれもマンネリ化しとる。マンネリの塊《かたまり》や。こんなことでは、意思の伝達なんかできるわけないわッ」

怒りとは裏腹に、胸の底が急速に冷えていくのを感じながら、私は叫びつづけた。八年ぶりに見る本社の空気は、ゆるみきっていたのである。

〝横串〟がない

別のフロアに行き、「この部署は、会社の業績向上に対してどのような役割をしておるのか。仕事の目標、目的はどのようなもんや」と聞いてみると、部長以下誰ひとり答えられない。

「だったらこの部署は、あってもなくてもいい部署やな」

と私は言った。

またあるフロアに行くと、技術系のふたつの部がある。どういう仕事をしているのかとたずねると、答えは判で押したように同じである。それでいて、たがいに相手のしている仕事内容については関知していない。

「なんや。同じもんやないか。なぜ二つに分けとるんや。妙な〝縦割り行政〟をやるから、情報が流れへん。横串がないやないか」

ひとつにしろ、と人事に言うと、「部長がいますから、くっつけられません」と答える。本末転倒なのである。まるで官僚の世界だ。

前者はただちに廃部とし、後者のふたつの部は合体させたうえ、部員数を削減したことはいうまでもない。

これは「大組織病」だ

人は生来マジメであるから、置いておけば、「仕事をしなければ」と考える。そして仕事をつくる。それをすべて社長の私が必要としているかといえば、それはありえない。本社・本部に人がたくさんいてはダメである。人間のために仕事をつくる。

しかし、経営上不必要なものはすべてやめろといっても、なかなかやめない。技術分野をみても、大和ハウス工業のプレハブは、戸建て住宅で一万三千〜四千戸、アパートも含めて三万五千〜六千戸程度の規模だというのに、大和ハウスオリジナルのサッシをつくったり、外部にも販路をつくろうと立派なプレゼンテーションを制作したりしている。

ところが工場を実地に見ると、オリジナルのサッシより、市販のサッシのほうが安くて性能がいいことがわかる。なんのことはない、割高にしているだけである。原価を下げる工夫をしなければならないのに、原価を上げる弊害になっている。

「これは豊かボケだ。大組織病だ！」

と私は吐き捨てた。

八年のあいだに、大和ハウス工業はすっかり変ってしまった。あの目をギラつかせた野武士の群れは、跡形もなく消えている。社長就任前、雪深い青森を訪れたときに出会った協力会の方々には、向かってくるような力強い覇気を感じたものだが、大和ハウス工業の役職員には、豊かさに甘えた日々の惰性と、金持ち遊びの雰囲気が蔓延《まんえん》している。〝寄らば大樹〟の空気が瀰漫《びまん》している。

〝豊か〟といったところで、常識のうえでそう思っているだけで、実情は甘くはない。大和ハウス工業の平成十二年度の売上高は、やや持ち直して九千百七十三億五千五百万円を計上、これに同年度の大和団地の売上げを加算して一兆円の大台を回復するとはいえ、私が訓辞で述べたように平成八年度の大和ハウス単体での一兆一千六百億円には及ばない。

経常利益も平成三年度の九百億円余に対し、四百億円台にまで落ち込んでいる。

それに、両社合わせて一千三百四十億円の有利子負債を、早急にゼロにする必要がある。「経営の健全化」と「大組織病の払拭《ふっしょく》」と。大きな課題が二つものしかかっている。

「これは生半可なことでは、再生でけんぞ」

そのことを、社長就任初日に思い知らされたのだった。ハングリー精神を、いま一度呼びもどさなくてはならない。

「よし、熱湯だ。熱湯経営でいくぞ！」

ネットに書かれた悪口雑言《あっこうぞうごん》

合併企業はどこもそうであろうが、旧二社の社員の心の一体感をいかに醸成するかが、難しい課題である。新生大和ハウス工業の場合、売上高も社員数も、旧二社のあいだではぼ十対一の開きがある。旧大和団地の社員は、大和ハウスの社員十人の中にひとりで入っていかなければならない。

私自身も例外ではない。しかも、ひとりで入ってきた外様の小大名が社長をやるのである。インターネットの匿名掲示板には、〝セスナの機長にジャンボ機の操縦ができるのか〟

とか〝蟹は甲羅に似せて穴を掘る〟といったたぐいの悪口雑言が書かれていたものだ。

そうした私自身に向けられた声は、まったく気にならない。しかし、放置しておいたのでは、再生のエネルギーは出てこない。

そもそも、この無機的な空気はなんだ？　業務連絡はメールですます。社員同士が挨拶をしない。表情を見ない。「ナゼ」が無い。役所でもあるまいに、すべて先例がまかり通っている。

旧二社の社員が、わだかまりやぎこちなさを乗り越えて真に一体化するのには、微温的な融和策ではダメである。個々の責任を自覚し、闘争心をもって共に前へ進むなかで、はじめて一体化をなしうるのだ。

組織をピリリとさせるにはどうするか――。

熱湯経営スタート――役員任期を一年に

就任した四月のうちに、私は役員任期を二年から一年に改める構想を固めた。全役員が危機感をもって、一年単位で勝負すべきだと考えたのだ。成果を上げた者にだけ、翌年の業務を託す。

創業者の石橋信夫相談役は、前年から能登・羽咋《はくい》の別荘「石橋山荘」で静養生活を続けている。宿痾《しゅくあ》の心臓の病いのほか、軍隊時代に脊髄《せきずい》を痛めたのがもとで、足の不自由が増していたのである。

「石橋山荘」で私は石橋オーナーと向かいあった。

「役員任期、六月の総会で一年にしまっせ」

「なんでや。任期二年でやってきとるやろ。よその会社も二年やないか。一年でやっとるとこあるんか」

「ソニーさん早ようからやってますよ」

「ふーん」

といったやりとりがあって、五月、株主総会用の書類をたずさえて行くと、

「樋口くん、あれはソニーだけやろ」

という。こういう言い方をするときの石橋オーナーの腹は、不賛成なのである。私は、そんなこともあろうかと読んでいたから、あらかじめ年内に一年制に踏み切りそうな企業の情報を五、六社調べておいた。それらの社の名前をあげて、来年以降はもっとふえる傾向ですと言ったのである。

「世の中の変化はものすごく早いですよ。一度任期を更新したら、向う二年間は俺は安泰やと、そういう気持で仕事してもらうような時代やないです。スピードは、石橋オーナーがもっとも重要視された言葉やないですか」

石橋オーナーとのやりとりには、こうした呼吸も肝腎《かんじん》であった。スピードという一言が効いたのか、「わかった」と。これで、役員に緊張感をもたらす第一歩が整った。

緊張感の次はスピードである。この変化の激しい時代に、月一回の取締役会で重要案件を決めるのでは、悠長にすぎる。

大和ハウス工業大阪本社に通称「タバコ部屋」がつくられたのも、その年の春のことだ。顧問弁護士や監査役を長く務めていただいた中坊公平氏の、「役員同士が絶えずコミュニケーションできるように」との提案で設けられた。正式名称は「役員ミーティングルーム」という。

私は毎朝七時半ごろに会社に着くと、十五階まで階段を登り、この「タバコ部屋」に入る。コーヒーが沸《わ》かしてあるから、自分で注いで飲み、新聞を読みながらタバコを吸う。八時前には村上健治社長（平成十九年現在）以下、在阪の役員十人ばかりが集まってくる。各役員が抱える情報や意見がここではざっくばらんに交わされ、タバコをふかしながら議論して、時には重要案件を事実上即決してしまう場合もある。ここでも「スピードは最大のサービス」なのである。

社長宛「提案BOX」

次なる課題は抜本的な制度改革である。

まず、社内のイントラネット上に社長宛「提案BOX」を設けた。ネットに落書きしている暇があったら、社長に本音を言ってこい。ただし、匿名ではない。堂々と実名でモノを言え。社長は、提案者の秘密は厳守する。

提案数は、平成十三年に百四十一件、十四年に百四十六件、十五年に六十八件、十六年に百十五件、十七年に百件、十八年に四十二件と、さまざまな提案が寄せられている。

たとえば、インターネット上に住宅展示場を設け、足を運ばなくても住宅の情報が得られるようにしたらどうかといった提案、業務上の改善の提言など、傾聴すべき声が多く寄せられた。社長の私が、ときには担当役員と相談しながら、社長の意見として本人に返信する。

そうした中に、

「支店長が、地区長や事業本部長におうかがいを立てて、上ばかり見ている。私たち支店社員は仕事がやりにくくてしかたがありません。こうした制度上の弊害を改善できないものでしょうか」

という声があった。

案の定――。予期したとおりだ、と私は思った。私は現場まわりで見たこと感じたことを、すべてメモにとり、ノートにまとめているのだが、その中に社長就任前の全国行脚の折、地方の工務店の経営者がうそぶくように言った、忘れられない言葉がある。「われわれ工務店が勝負する相手は、大手住宅会社の社長じゃない。支店長ですよ。自分や家族の生活を賭けて商売しているわれわれが、サラリーマン支店長に負けるわけがない」と。

大局的に見て住宅市場は縮小しつつある。大和ハウスと大和団地が合併した平成十三年当時は、不況による雇用不安、所得不安が中高年層を直撃して、建て替えに踏み切る決心がつかない。資産デフレによる担保価値の低下で、住宅ローンの借り換えがむずかしくなった。特殊法人改革の一環として、将来、住宅金融公庫が改廃されることも決定していた。

戦後の物資不足、住宅不足のなかで登場した私たちのプレハブ住宅は、ピーク時二一・五パーセントのシェアを獲得した時期もあったが、当時は一四パーセントをわずかに越える程度であった。つまり、新設着工戸数の大部分は、地域に密着した中小工務店の手がける木造住宅なのだ。

地域の工務店の強みは、なんといってもアフターケアがきめこまやかであることだ。大手住宅企業が、工務店からあなどられることなく、受注を争ってシェアを伸ばすためには、第一に地元に密着した営業であること、第二に顧客へのメンテナンス・サービスを行きとどかせることである。支店長が責任地区のオーナー社長のつもりで経営意識をもてば、ブランド力や信用力からして負けるはずがない。

支店の再生がカギだ！

〝ひらめ社員〟撲滅宣言

大和ハウス工業がとっている事業部制の実態と、支店のあり方を調べていくと、まず住宅事業部が全国を九つに分けて統括している。また、事業本部がマンション、鋼管構造・建築、流通店舗、集合住宅と四つ設けられている。各地の支店内には各事業部傘下の営業所が置かれているが、所長の人事は支店長の頭越しに行われている。支店長の知らぬ間に、ある日、流通店舗の所長が代っている。事業部長が「所長、代えたで」と言えばそれまで。

まったく人事に参画できない。

支店長は支配人登記をされて契約書に判を押している。一見、権限があるかのごとくである。ところが人事権はなく、まるで懐《ふところ》に手を突っ込まれるように、スタッフを本社から動かされてしまう。スタッフも当然、顔を本社に向ける。地域密着型であるべき住宅産業は、役所みたいに中央集権で指揮がとれるほど甘いものではない。事業部制を全面的に廃止して、全国八十支店の支店長の権限を大幅に強化するしかない。

二〇〇二（平成十四）年三月、私は能登の「石橋山荘」を訪ね、オーナーに切りだした。

「事業部制を壊して、支店制に変えまっせ」と。

「なんでや。十七年間も事業部制でやってきて、ちゃんとできとるやないか。なんで変えないかんのや」

私は説明にかかった。まず、スピードに欠ける。ここに格好の土地があるとする。買収するのに支店長が稟議書《りんぎしょ》を上げ、本社の事業本部をまわって、最後に社長決裁となる。見て呆然とした。私の手元にとどくまでに、稟議書に押された判コの数は十五。しかも支店長の起案から社長決裁までに十日以上もたっている。これでは良い土地は買えるわけがない。支店長に、名目ばかりでない真の権限を与えなければ、組織の生きた動きはできません――。

「九年前、大和団地に行ってみると、やはり同じように土地を買うのに稟議書をまわして、ぐずぐずと時間をかけとりました。私は良い土地と聞いたらすぐ現場へ飛んで、その場で決裁したもんですわ。稟議書は後まわし。それでようやく経営が動くんですわ。支店長にこれをやらせます。だいたいですよ、いま各支店ごとに本社・本部に毎月百四十種類もの書類を提出しとるんです。二十日間働くとして、毎日七通も書類をつくる。こんなことで前を向いて受注を取れといっても、時間がありません」

それでも石橋オーナーは渋面を崩さない。事業部制をつくったのは石橋オーナー自身であるから、無理もない。

「私は山口支店長になったときも、〝今日から山口支店株式会社の社長として、陣頭指揮をとる〟と宣言して、すべての案件を私の責任で即決しました。いまの支店長はみんな上ばかり見とる。事業部長を見て役員を見て、全員〝ひらめ〟やないですか。中央集権になればなるほど〝ひらめ族〟が増えます。事業部制を壊すのは、人材育成が最大の狙いです。人材を育てなければ、会社の将来はありません」

石橋オーナーは、「人材育成」が日頃の口癖だった。私が大和団地の支店長を入れ替えるなどして活性化に成功したとき、オーナーは「きみも人材育成の苦労がようわかったやろ」とにんまりし、「わしは、すべて手塩にかけた人材で役員会を構成でけたときは、ほんまにうれしかったもんや」と述懐したものだった。私には、「人材育成」でここぞとツボを押す気持ちがあった。

「わかった。すぐやったらええがな」

とオーナーは言った。すぐ、と言われなくてもすぐやるつもりである。

組織を変えたら人も替えろ

こうして事業部制は廃止となり、住宅事業部とマンションなど四事業部は姿を消した。

組織改革のねらい。それを六項目にしぼって全役職員に伝えることにした。
一、スピード経営を実現するため、指揮命令を「社長─支店長─最前線」を基軸として運用し、本社・本部は事業所に対する支援スタッフであることを、よく認識してもらいたい。
二、屋上屋《おくじょうおく》を重ねる組織を廃し、フラットで風通しのよい組織の構築をめざし、よって責任の所在を明確化する。

三、「支店長は社長の代理人」であることを組織上も明確なものとし、指示待ち姿勢を排し、支店長の決断をうながす。

四、全役員で社員教育にあたり、人材の早期育成と発掘を可能にする体制づくりをする。

五、事業部の垣根をとりはらい、セクショナリズムを排することによって、顧客情報の共有化をはかり受注の拡大につなげる。

六、最前線の営業・設計・工事が働きやすい体制とすることによって、受注の拡大をはかる。

翌月、「石橋山荘」に報告に訪れると、

「樋口くん、支店制にしても、人を替えんかったらなんも変わらんのとちゃうか」

と言われた。オーナーの常で、能登にいながら新しい事象に対し、じっと反芻《はんすう》、思案されるのである。

「おっしゃる通りですね。さっそくその検討に入ります」

と答えて帰り、全国八十支店の支店長をひとりひとり、じっくりと見ていった。

支店長は責任地区の社長だ。オーナー社長のつもりでやれ。そう言って背中を押すからには、支店長に判断基準を与えておく必要がある。それがないと、得《え》てして承認印をもらいに来たがるものだ。
一、お客さまにとって良いことか。
二、会社にとって良いことか。
三、社員にとって良いことか。
四、株主にとって良いことか。
五、社会にとって良いことか。
しいていえば、これに「将来にわたって良いことか」の六つめの基準を加えてもいいが、支店長は事にあたってこの「五つの判断基準」に照らし、いずれもかなっているとみたら果敢に行動せよ。財務は、支店長が本社の財務担当者と直接交渉すればよい。上にうかがいはたてなくていい。事後報告でよろしい。
そう命じた結果、稟議書は減り、判コも大幅に減って二つか三つになった。

赤字支店長はボーナス・ゼロ

その代り、支店長への査定はきびしい。
支店長は「経営業務管理責任者」として支配人登記をしているのだから、ひとりひとりに経営者としての結果責任を負ってもらう。給料は年俸制とし、担当地域の営業成績いかんによって額は上下する。

支店内の人事権はもとより、建築五事業（戸建て、賃貸アパート、流通店舗、建築、マンション）のすべてを支店長決裁でおこなえる権限をもつ代り、信賞必罰《しんしょうひつばつ》とする。ボーナスの削減もあり、赤字を出した支店長はボーナス・ゼロとする。

支店制にあらためて、一年半のうちに二十一人の支店長を交代させた。全体の四分の一である。これで〝ひらめ族〟は、ほぼ駆逐《くちく》された。替えたところは、総じて成績が向上した。

先に、通称「タバコ部屋」のことを記した。朝の始業前、役員がコーヒーやタバコをやりながら情報交換をする「役員ミーティングルーム」のことだが、実はこの部屋の壁には百二十一枚のプレートがかかげられている。全国九十三支店（二〇〇七年現在）、主要グループ会社二十八社の業績数字が、各支店長、グループ会社社長の顔写真つきで貼りだされている。どこが成果をあげているか、そうでないかが、一目瞭然である。

これは私が発案した。数字はウソをつかない。顔写真を入れるとイメージもつかみやすい。

ただ、新任支店長の査定については、半年間は情状酌量の余地あり、としている。当人としては、〝最初の一年くらいは大目に見てよ〟といった気持ちがあるかもしれないが、私がはじめて山口支店長になったときには、オーナーから、「まあ、最初の三カ月はしゃあないな。でも四カ月目からは、きみの責任や」と言われたものである。半年の猶予はちょっと甘いかナ、とも思っている。

「能動的人事管理」のすすめ

支店はひとつの独立した中小企業である。大和ハウス工業は中小企業の集合体だ。そう位置づけた以上、人材育成が急務となった。きびしくするだけでは不充分。教育が必要である。

就任一年後の二〇〇二(平成十四)年から、支配人研修、特別(タスクフォース)研修、優秀社員研修、中核社員タスクフォース研修と、さまざまな社内教育制度を発足させた。

たとえば、タスクフォース研修は経営幹部の研修として、各役員と人事に、優秀な人材を推薦させ、三十代、四十代、五十代からそれぞれ五十名を選出、百五十七名が参加した。定例のグループディスカッションのほか、問題を提起しておいて、解決策を披瀝《ひれき》する「トップ報告会」を設けるなどして意識を喚起していった。支配人研修、つまり支店長研修は、東北、中部、近畿と地区ごとに支店長を集結させ、三カ月に一回、私自身が出向いて徹底的に議論し、問題の掘り起しをおこなった。

人事の活性化も重要な課題である。

「能動的人事管理」。大和団地時代から提言していることだが、人事は能動的でなければならない。

あるとき、人事担当者が、これこれの人物を部長にしたい、という事業所の起案を上げてきた。私も仔細には知らない人物だったから、担当者を呼んで人物像をたずねてみた。するると担当者も要領を得ない。

「おまえ、人事ちゅうのはね、受け身で仕事したらあかん部署やぞ。人事は人材育成のためのかなめの部分や。能動的人事管理を心がけい」と叱りつけた。

担当者は、わかったような顔をして「はあ」と言い、出ていった。ところが、あくる朝、また来たのである。

「きのうは社長から〝能動的人事管理〟と言われましたけど。ひと晩考えてもようわかりません。教えてください」と言う。

「えらい。たいがいわかったような顔してそのままになるが、わからんから教えてくれと言ってきたきみはえらい」と私は言った。

「いいか、きみはなんとなく判を押しとるが、少なくとも管理職の異動に判を押すからには、自分の考えをはっきりもったうえで押せ。管理職の数は知れとるだろう。起案があったら、きみは出向いていって、全部面談してこい。事業所へ行けば、あわせてその事業所の雰囲気もわかるやろう。そのうえで、この人物が適当かどうか、コメントを入れるのが人事の仕事や。そんなこといままでしてへんやろう」

「してません」

「これからはそうせえ。そうせな、本当の人材の発掘はでけん。それが現場主義や。能動的人事管理いうもんや」

　以後、人事担当者はつねに全国をまわり、人事案件に必ずコメントを入れるようになった。


「社内FA制」


人材の発掘は、周囲の推挽《すいばん》にばかり頼っていては、果たせない。

私には、専務時代の苦い経験があった。

来たるべき高齢化社会に向けて、大和ハウス工業が何をなしうるか。一九八九（平成元）年、ハードとソフトの研究を進める布石として「シルバーエイジ研究所」を発足させることを役員会にはかった際、石橋オーナーの即決を得た。

「ならばオーナー、各事業部に最優秀の人材を差し出してくれるよう、言うてくださいよ」

と頼み、実際そのとおりの命令が下ったのだが、待てど暮らせど人材は出てこない。督促するとしぶしぶ出してはくるが、どう見ても凡庸な人士ばかりである。業《ごう》を煮やして、結局、自分の特建事業部から人を削って出すしかなかったのである。

それが管理職たる人々の〝人間心理〟だといわれれば、そうなのであろう。

だから、今回めざしている人材発掘に関しては、社員本人に手をあげさせることにした。その第一歩が、「社内FA制」である。二〇〇六（平成十八）年からスタートさせた。

プロ野球のフリーエージェント（FA）制を想像していただくとわかりやすいが、当社のFA制は、同一部署に五年以上在籍した者であれば、一切の制限は設けない。やりたい仕事、行ってみたい事業所、畑がちがってもいい。国内国外を問わず仕事上の夢をもった社員が手をあげる。

支店長への立候補も歓迎である。本社ばかりではない。グループ会社での〝我こそは役員に〟の声も受けつける。

一般社員の場合、優秀な人材ほど、上司が異動の志望を知れば引き止めにかかるから、志望の事実は人事が極秘裡に管理する。その間、これまでの本人評価も勘案し、面接をしてそのビジョン、意欲を見極《みきわ》める。よし、となったところではじめて上司に通告。どう抵抗しようと本人の強い意志として通すのである。

二〇〇六年度は十九人がＦＡ権を行使したが、実例をひとつあげると、中国・天津《てんしん》への赴任を希望した社員がいる。当社は中国企業と合弁で上海、北京、大連、天津に賃貸住宅を管理・運営する会社を設けている。その社員は三十代後半。中国とのビジネスの将来性を考えて、若いうちに勉強しておいたほうがいい、小学生の子供がいるのだが、家族もふくめてこれからは中国語くらいしゃべれるようになっておいたほうがいい、ときちんと目的をもって手をあげている。

支店長公募制

万物の霊長たる人間は感情をもっている。気持ちよく仕事する場所を与えることによって、より大きく羽ばたいていけるはずである。命じてやらされる受動的な部分は――それがフィットしていればいいが――自らの意志でやる能動的な部分と比べれば、成果があがりにくいのではないか。社内FA制の根本的な考え方はそれである。

同様の思想から、二〇〇五（平成十七）年からは「支店長公募制」を導入した。

これは、年度末など時期を定めて公募する。課長クラス以上であれば、年齢はいっさい問わない。応募者をまず書類選考でふるいにかけ、ここ三年間の本人評価がAまたはBの、つまりは頑張ってきた社員、可能性を感じさせる社員を残す。テストを経てほぼ半数が残ると、数次の面接である。これは私も担当する。

最終選考をパスしたのちは、研修である。

私がひと通り話をしたのち、自由に発言させてみると、彼らがそれぞれの職場で日頃実感している〝お役所〟的な実態が次々と報告される。タテ割り行政でヨコの連携が悪い。責任を受け止めずに転嫁する。結果として業務がスピーディーに流れない――。すなわち「大組織病」である。

「だからこそ、きみたちは勇気をもて」と私は言った。「たとえ上役が言うことであっても、イエスマンになってはいかん。会社にとって良くないと思ったら堂々と意見を言え。

会社にとって良いことはどしどし提言せい。気づいた者が勇気をもって改革に着手せんかったら、会社は良うならん。もしも上役が力でねじ伏せようとしてきよったら、俺が全力でバックアップしてやる」。

・研修の第一歩は、こうして魂の入れ替え、改革精神の注入から始まる。そして――、
・支店長は社長である。地域に密着し、地域の状況を正確に把握せよ。
・地域のナンバーワンになるための青写真を描け。
・販売の拡大は、お客さまの支持があってはじめて実現できる。キーワードは「技術力とサービス力」である。
・一番のサービスは「スピード対応」である。
・手持工事の内容チェックはできているか。
・トラブルは入り口で把握し、防止策を立てること。
・許認可の目途は立っているか。着工の遅れはないかチェックせよ。
・原価の見直し、実行予算のチェックをせよ。

老・壮・青すべての活力を

・支店長は住宅引渡し後一ヵ月で、お客さま訪問を一〇〇パーセント実行すること。
・支店長ひとりで訪問すること。工事課長などを同行させてはならぬ。お客さまがクレームを気兼ねなく表明できることが大切だ。
・訪問が、お客さまとの長いつきあいの「入り口」である。
・問題点、仕事の精度がそこにあらわれている。改善のヒントの宝庫である。
・あたり前のことがあたり前にできているか。商売の王道を進むこと。
・すべての知恵の源泉は現場にある。現場主義を徹底せよ。
・ウソやごまかしは、問題を大きくするだけだ。
・3Kを禁ずる。「こせこせするな」「姑息なことをするな」「小手先のことをするな」。

まだまだあるが、私自身の体験から発する考え方、実行してきたことに立脚して、具体的な研修を行うのである。

二〇〇六年の例でいえば、支店長公募に七十六名の応募者があり、四月に九名、十月に二名の計十一名が新任支店長に選出されている。いずれも四十歳そこそこの気鋭の若手たちである。一例をあげれば、島根支店の四十五歳の設計課長が、このとき支店長公募に応募し、支店内住宅営業所長一年を経て支店長となっている。

私はかつて大和団地の社長になった年、現場視察でみつけた三十六歳の意欲あふれる社員を支店長に登用し、カンフル剤として組織の活性化に大いに役立てたものだが、そうしたねらいがこの「支店長公募制」にもこめられている。

支店数も増加しているから、新任支店長には新設支店を担当してもらうこともあれば、現行支店の支店長と交代してもらうこともある。交代といっても、二〇〇七年現在、〝ひらめ〟支店長が残っているということは、もはやない。それでも若返りは常に必要である。長年がんばってくれたが六十歳にほど近くなったという支店長には、グループ会社の役員として経験を活かしてもらうといった心配りも、老・壮・青すべての社員の活力をみちびき出すうえで大事なことである。

借入金一千三百四十億円「二年で返せ」

社長に就任した私には、「大組織病の払拭」と「経営の健全化」と、二つの課題がのしかかっていた、と先に記した。

いま述べたような、「意識改革」「組織改革」「人事改革」を続けてきて、残る大きな課題が「財務改革」であった。

まず、二社の合併であわせて一千三百四十億円あった有利子負債を、二〇〇五（平成十七）年までの四年間に段階的にゼロにする計画を、就任早々、公にした。

それは、合併後すぐの四月、石橋オーナーから、

「樋口くん、四年で借金を全部返してくれよ」

と言われていたからである。創業者として、名もなくバックもない時代、借入金で大変な苦労をした人ならではの言葉と思い、

「わかりました。四年で返せるように努力します」

と約束した。ところが四カ月経った八月になると、「あれ、三年で返してくれ」となり、さらに四カ月後の十二月には「二年でな」となった。

思えばこれは、オーナーならではの慧眼《けいがん》であった。日本経済の先行きはどんどん暗くなる。土地は下落し続ける。だから早く処分して返済にまわせということだが、現に当時の日本経済の状況を見ると、土地投資にともなう負債の重圧によって破綻していった企業は枚挙にいとまがない。直接的には平成二年の土地融資の総量規制という性急な政策の結果

だったが、そのことを石橋オーナーはいち早く見通していたわけである。

それぞれの支店は、建築事業のためにあらかじめ土地を買収しておく。これは当然である。だが、押さえた土地がどんどん買収価格割れしてゆく。これを処分するとなると、支店の経営は赤字になってしまう。それで、新しく別の土地を買って家を建て、売って利益を出そうとする。その結果、古い土地が〝底だまり〟になる。そういうメカニズムである。

だから、買収時の値段にとらわれず、とにかく売れる値段で手放せ。一定期間内に売れた分については、本社が面倒をみる。そういう施策をとった。土地だけで二千億円以上あり、赤字で回収し、評価損、特損で落としながら、二〇〇一（平成十三）年の初年度に八百二十億円を返済。〇二年度の中間決算時にも百五十億円返した。年に三百五十億円の利益があがっていても、当期利益はわずか十億円しかなくなる。

これは膿《うみ》出しであった。創業から間もなく半世紀になろうとする過去の膿をすべて出してしまえと。

一方で、配当金も従来の十七円を十円に落とすとなれば社内の処罰が必要である。役員報酬はカット、賞与ゼロ。管理職は一割減俸、社員のボーナスも一・七カ月に抑制した。

借入金は、石橋オーナーの指示どおり、二年で完済した。

負債を四年で返せと言ったオーナーが、なぜ三年、二年、と言い変えたのか。時代を見極めた慧眼であったことは先に述べた。しかし、それだけではなかったように、私には思えるのだ。人知れずからだの衰えを自覚した石橋オーナーは、〝俺の眼の黒いうちに〟と急ぐ気持ちがあったのではないか。事実、完済を報告した翌年、二〇〇三(平成十五)年の二月、石橋オーナーは他界するのである。が、このことは改めて記す。

一回くらい赤字にしてもええぞ

亡くなる前年、二〇〇二(平成十四)年の十一月頃のことだった。石橋オーナーが、耳を疑うような、思いもよらない発言をされたことがあった。

「樋口くんナ、大和ハウスは創業以来、一度も赤字になったことはない。……一回くらい赤字にしてもええぞ」

例によって能登の山荘を訪ねて対話しているときのことだ。前後の脈絡もなく、まったく唐突に飛び出してきた言葉だった。

私が課題として負っている経営の改革は、一千三百四十億円の借入金を完済しただけで終わったわけではない。

毎期の決算の重石となっている問題として、退職給付金関係で処理しなければならないものが八百億円余りある。十年償却でいこうとすると、企業年金の運用差損だけでも毎期二十三億円を利益から落していかなければならない。また、退職給付債務等の計算の基礎となる割引率を三・五パーセントから二・五パーセントに下げざるを得ないため、その分として毎期二十七億円を落していかなければならない。

金融機関の株が暴落した結果、株式の評価損が出ているし、仕入値からマイナスに落ちこんでいる土地が、まだまだある。

業績推移を見ると、毎年三百億円から四百億円の営業利益を継続して出していながら、特損の処理のため最終損益では十億円から四十億円くらいになってしまう。配当も十円に抑えざるを得ない。

重い荷物を背負いながら、山を駆け登れと号令をかけても、実行できるものではない。なんとかしなければならない。

しかし、石橋オーナーは、私淑《ししゅく》する故松下幸之助氏の教えを受けて、「赤字は悪である」との信条の持ち主だ。特損の一括処理など許されることではあるまい——。

思い悩んでいたところへの、虚を突かれるオーナーの一言であった。

砂袋を積んだ低空飛行

私は「石橋山荘」から道一筋をへだてた能登ロイヤルホテルから本社に電話をかけ、財務担当の専務を呼び出した。

「おい、俺は耳を疑うような話を聞いたぞ。オーナーが、一回くらい赤字にしてもええぞ、と言われたんや。こんなこと信じられるか? しかしなあ、そない言われたら、わしは意地でも赤字にしとうない」

過去からのすべて、減損したり、特損で落とさねばならないもの全部出してみたら、どのくらいあるのか、と私はたずねた。およそ一千五百億円くらいでしょうか、という返事である。それならば四、五年かけてクリアすれば、最終利益二十億円くらいの黒字を保っていけそうである。

しかし、本当にそれでいいのだろうか。役員報酬のカットは当然として、管理職の給与もカットしている。社員のボーナスも一・七カ月くらいしか出せない。配当も十円以上は望めない形が四、五年は続くことになる。

あいかわらずネットの掲示板には、社員のブーイングの嵐が続いている。私自身はなんと言われてもいいが、社員にも生活がある。メンタルな面でもたないかもしれない。こうした低空飛行を続ける中で、社員諸君がんばってくれ、株主のみなさん、取引先のみなさん応援してくださいと言って通るものだろうか。

砂袋をいっぱいに積んだ低空飛行――。もしも墜落したら、関連会社、子会社すべて一《いち》蓮托生《れんたくしょう》、三万人が路頭に迷うことになる。協力会社、取引先まで考えれば、何十万人に迷惑をかけることになる。

私は帰路の列車の中で、悩みに悩んだ。

「一千五百億円でもう最後やな。それ以上ないな」

ともう一度たずねると財務担当は、「一週間ください。すべて洗い出してみます」という返事である――。そして、一週間後。もたらされた報告は、「しめて二千百億円になります」というものであった。

二千百億円を一括処理

「わかった。落とすゾ。一発で落とそう」

私は即座に言った。もはや、ちまちまと処理するレベルではない。むこう七年の辛抱を強いるのでは、社員の士気が萎《な》えてしまう。

「はい。ところでそのこと、オーナーには誰が言うんですか」

土地再評価法を使って、手持ちの土地を減損することについては、オーナーの理解も得られよう。しかし、年金の割引率を二・五パーセントに落とすとか、十年償却を一年にするとかについては、オーナーはなんと言われるか——、というのが財務担当の懸念したところである。

「誰かて、俺が言わな、しゃあないわ」

二〇〇三（平成十五）年の三月期で一括処理を決断したものの、二月末までには能登の「石橋山荘」に出向いて、このことをオーナーに報告、了承をとらねばならない。一回くらい赤字決算にしてもいいとは言ったが、二千百億円の処理といえば、「そんなにあるんか」と仰天するにちがいない。

そこをどう説得するか。説得のシナリオを考えながら日々を送っていた二月二十一日、その日は高知支店での社員教育に出向いていたのだが、研修を終えた夜七時すぎ、「本社から急用の電話です」との知らせである。

「あっ！」と、全身を不吉な予感が走った。

「オーナーがたったいま、亡くなられました」

受話器から洩《も》れる声はそう告げている。

創業者・石橋信夫相談役は、近年、前立腺手術、腸閉塞と体力を減衰させる病いがつづいたうえ、間質性肺炎をわずらっていたのである。

総務のスタッフには本社に残っているようにと指示し、私は急遽《きゅうきょ》、高知から岡山まで車で送ってもらい、岡山から新幹線で本社に向かった。大和ハウスの、のちのちの社史にも特筆されるであろう赤字決算。創業者からその了承を得そこねたという思いが、胸の内でくすぶっている。

告別式の翌日、私は本社十五階の相談役の部屋に籠《こ》もった。

部屋にはオーナーの大きな遺影がかかげてある。私は遺影をじっと見つめていた。どのくらいの時間そうしていただろうか。心の澄みわたるのを待って、私は遺影にむかって語りかけた。

「一発でやらせてください。それが会社のため、社員のため、株主のために最善の方策と決断しました。二度と赤字にはいたしません。これでかならずやV字回復をなしとげます」

創業以来初の赤字

四月三十日、二千百億円の特損の一括処理、九百十億円の赤字決算を公表した。

創業以来初の赤字、それも大幅赤字決算と聞いて、大勢の新聞記者が押しかけてきた。

〝損失の評価の仕方もいろいろある。曲がりなりにも三百億円の営業利益が出ているのだから、赤字にしない方法もあっただろう〟というのが記者たちが一様に口にする感想だった。

「ふつう、サラリーマン社長やったら、こんなことはしませんでしょう。なぜですか」

そう言われてはじめて、「あ、俺はサラリーマン社長だったのか」と気がつく始末だったが、考えてみれば私は、社長としての業績の表面をつくろう気持ちは毛頭なかった。

その翌日の出来事を、私は生涯忘れることはないだろう。朝からパソコンの前にかじりついて、株価の推移を見守りつづけたのである。大和ハウス工業の株式は、当時七百五十円前後の水準にあった。処置が裏目に出れば会社存亡の危機に瀕することもわかっている。

株価はじりじりと下がり始めている。七百三十円、七百二十円……。会社の純資産の評価が一株当り九百六十円くらいあるのに、このまま株価が下がっていったとすれば、TOBも含め、会社は丸呑みされてしまうだろう。

と、やおら株価が反転した。ぐんぐんと上っていく。特損の処理といっても、現金が出て行くわけではない。営業利益も出ている。身軽になって攻勢に転ずるのだな、とマーケットが評価してくれたのである。

「チャレンジ・トリプル30」

重い砂袋は、肩から下りた。さあ、飛翔のときである。

私がかかげたテーマは、名づけて「チャレンジ・トリプル30（サーティー）」という。「三年間で受注を三〇パーセント伸ばすこと」「三年間でコストを三〇パーセント削減すること」「三年間で工期を三〇パーセント短縮すること」。この三つのとり組みである。

大和ハウス工業は土地の回転率が〇・九で、土地を入手して販売するまでの期間が年に一回以下ときわめて悪い。二千億円分の土地をもち、上物を建てて、土地を入手から半年以内に販売して、年に二回転すれば四千億円の土地を転がすことになる。滞留した土地をもちながら決算対策として新規の土地の購入稟議を上げてくるなどは、支店長として論外である。支店長はイコール社長である。社長として真に経営にあたるのであれば、本社から出資してもらったお金は六カ月後にかならず返すと、決意してもらいたい。そうなれば土地は年二回転でまわる。そのためには受注の獲得と工期の短縮が不可欠である。

また、コストを一パーセント削減すれば、百億円の利益が出る。従来の資材、工法に胡座《あぐら》をかかず、つねに新しい発想で可能性に挑んでほしい。

三年で三〇パーセントということは、年に一〇パーセントずつ向上させていかなければならない。これを実現する鍵は、「現場主義」と「既成概念からの脱却」である。

改革は机上でできるものではない。あくまで現場に根ざした知恵の結晶でなければならない。お客様との商談の場、設計図面の打ち合わせの場、建築の建て上げの場、工場生産の場等々、これらすべてが「現場」である。社員はひとつひとつの現場でこの三つの目標に挑戦すべしとした。

V字回復

「既成概念からの脱却」にも、ゼロからとり組んでもらう。数パーセント改善するだけなら、従来の延長線上で少しずつ改良を加えていくことで達成できるのかもしれない。しかし、三〇パーセントとなるとそうはいかない。従前のやり方をすべて一度白紙にもどし、常識を疑い直してみる必要がある。

私は強調した。

「住宅・建設業界の優勝劣敗は、ここ二～三年が勝負。勝ち残るのは三～四社である。二十一世紀を勝ち進むには、なんとしても『トリプル30』を実現しなければなりません」

こうした下知《げじ》のもと、全社一丸となって攻めに転じた結果、翌二〇〇四（平成十六）年三月期には連結売上げ一兆二千二百四十六億円、経常利益七百二十五億円、純利益三百七十二億円。業績回復を果たすことができた。

支店に権限を与えたことによって、地域に根ざした俊敏な活動が可能になり、また支店長が実践の中で経営力を身につけ、人材育成にも役立つという一石二鳥の効用が生じた。しかも四十歳前後の若い支店長たちの登場が刺激剤となって、ベテランの奮起をうながすことにもつながった。そうした総合力による「V字回復」だったのである。

同年、カットされていた役員報酬、管理職給与は旧に復した。株価はさらに上昇、二〇〇七（平成十九）年七月現在、二・五倍の千七百円台の水準にある。

Part 4

創業者との〝同行二人《どうぎょうににん》〟

「先の先」を見てくれよ

石橋オーナーの告別式の翌日、相談役室に籠《こ》もり、二千百億円の特損の一括処理、九百十億円の赤字決算という未曾有《みぞう》の処置の許しを請《こ》うて、ひたすら遺影にむかって語りかけていたとき、

「長たる者は、決断がいちばん大事やで」

というオーナーの声が聞こえたような気がした。

二十九年前、山口支店の新任支店長となった私は、張り切りすぎたあまり、孤立して苦しんでいた。視察に来て風呂に誘ってくれたオーナーの背中に向かって延々と愚痴をこぼす私に、ぽつりと一言、オーナーがかけて下さった言葉がこれである。愚痴に対する直接的な解答やなぐさめはいっさいなく、ただの一言。それだけに、虚を突かれた私の胸に、この言葉はずぶりと入ってきて、深く根を下ろした。

以来、人生の節目や、幾多の難局に出合うつど、私はこの言葉に立ち返り、杖として乗り切ってきたものである。

今回、会社の徹底した膿出《うみだ》しをおこない、存亡の危機をしのいでV字回復を果たしたの

も、オーナーが「決断がいちばん大事やで」と背中を押してくれたからにほかならない。

オーナーは常々、「樋口くん、先の先を見てくれよ。〝先の先〟やぞ」と口癖のように言っておられた。こんどの決断をなすにあたっての、私の〝先の先〟の見方が、オーナーの意にかなうものであったとすれば、これほどうれしいことはない。

〝黒い噂《うわさ》〟

私が「事業家・石橋信夫」の姿をはるかに仰ぎ見たのは、一九六四（昭和三十九）年、大和ハウス工業に途中入社した翌年のことであった。会社は〝黒い噂〟の試練に直面していた。

この年、日本経済全体が、高度成長を続けてきた後の、ひとつの分水嶺《ぶんすいれい》を迎えていた。前年度の貿易収支が大幅な赤字になったため、日本銀行が金融を引き締めにかかり、景気は一気に後退していたのだ。翌六五年には山陽特殊鋼の倒産、山一證券への日銀特融などの大事件が起きてくる一つの谷間であった。

大和ハウス工業も、この大きな潮のうねりを避けられず、「金繰りに困っている」「銀行が融資をことわった」「幹事証券が見放したそうだ」。噂が噂を呼んで、株が売り叩かれた。

噂には根拠はなく、設備投資の資金手当てはすんでいたし、現金預金も充分あったのだが、動揺は取引先にもおよんだという。資材の納入をことわられたり、現金取引を求められたりで、支店や事務所の悲鳴があいついだ。

私たち若手の耳にも噂は入る。社員の動揺もはげしく、この年の新入社員の三分の一が辞めていったのを含め、五百名を超える社員が秋までに退職していった。

このときの石橋オーナーは、腹を据《す》えて敢然と闘った。売掛金のある取引先に支援を要請する一方で、噂の否定につとめた。「去る者は追うな。ついてくる者はかならずついてくる」と泰然としていた。固唾《かたず》をのんでいる私たち社員に、暮のボーナスがきちんと支給されたが、それはオーナーが、株価の防衛に追われていた経理担当者に、「賞与をちゃんと支給せい。株式の防戦買いは一切止《や》めい」と命じた結果だということを、後で知った。

〝いつかかならず事業家に〟と心にきめて大和ハウス工業に転職してきた私は、事業のきびしさと事業家たる人の姿勢をさっそく垣間《かいま》見ることになったのだった。前年、十七名いた私たち途中入社同期組は、気がついてみると私ひとりになっていた。

以来四十年、戦後最大の企業家のひとり石橋信夫を師と仰いで、私は一歩一歩あゆんできた。あたかも、四国巡礼者がつねに弘法大師と共にあるとする「同行二人《どうぎようににん》」の如《ごと》くに。

大きなダイコンは間引きせよ

石橋オーナーの語録に、「人事を処するに太陽のごとくあれ」、という言葉がある。太陽は、なんの私情もまじえず、平等に地上を照らす。トップたるものは、かくあらねばならないと。しかし、太陽のエネルギーを等しく受けながらも、地上の生命は、早く花をつけるものもあれば遅く咲く花もある。丈高い樹木もあれば低いものもある。早く咲くのがよいのか、半月遅れて咲くのがいいのかは、その人の資質と状況によってきまってくるのであって、何もかも同じにあつかうのが平等であるはずはない。トップから見たミドルにしても、能力の開花している者といまだしの者に差をつけるのが平等というものだ。ただし、その判断を下すにあたって、いかなる私情もまじえてはならないということである。

私も、事業部制を廃止して支店制に改めるにあたり、〝現地社長〟たる支店長の人材を選ぶのに腐心したが、トップとしてつねに「太陽のごとく」あることを肝に銘じていた。

石橋オーナーはまた、ミドル論の一つとして、「大きなダイコンは間引きするのや」と言われたことがある。私が山口支店を「効率ナンバーワン支店」にしたあと、赤字の福岡支店を託《たく》されたころのことだ。

「大きなダイコンを間引きすれば、周囲の小さなダイコンは大きく成長する」。そのココロは、「優秀な者は外へ出せ。そうすれば残った者はひとまわり大きく成長する」というのである。

残った者には危機感と自覚と意欲とが生じる。なるほど、そうだろう。では間引きされ、痩《や》せた土地に移された大きなダイコンはどうなるのか。

「人間、苦労をしなければ損やで。苦しいことが人をつくるのや」

私にも、大和団地で六十八億円の連帯保証に苦しみ、何日も眠れない思いをした経験をはじめ、苦労の記憶は少なくない。

「荒れ地にたえかねるダイコンもありますやろな」

とたずねてみると、オーナーはこう言った。

「枯れたら、それまでや」

管理職は、「料理人であってもらわないかん」と教えられたこともある。上から社長指示や本社指示という、土や泥のついたじゃがいもが送られてきたら、それをよく洗って、炊いて味をつけ、箸《はし》をつけて部下に与えたら、みんな食べるのではないか。「土のついたまま渡すから誰も食べず、やがて腐って捨てられてしまうのや」。管理職は自分なりの料理法をよくよく工夫してもらいたいと。

これこそまさに、私が大和ハウス工業の社長についた初日に痛感したことであった。私の訓辞を踏まえて、管理職が各部署なりの事情に合わせてどう料理し、部下に与えているかを見て歩くと、なんとそこには土のついたままの〝じゃがいも〟が放り出されていたのである。「こらあッ！」という大音声《だいおんじよう》が思わず私の喉《のど》から飛びだしていた。

商売は足である

支店長時代には、全国事業所長会議で、オーナーの訓辞を聴くことが多かった。ある時、「みんな、夜寝るとき、枕はどこにあてる？」と一同にむかってたずねられた。

枕は頭の下にあてるにきまっている。あたりまえのことを答えるのもはばかられるので黙っていると、

「足や。足の下やろうが。一日、お客さまをまわり取引先をまわり、現場をまわって、棒になった足に枕をするのやがな」

そう言いざま、前列の男を呼んで、「きみ。靴、見せてみぃ」と、靴の甲や踵《かかと》の点検に

かかる。靴がうっすら埃《ほこり》をかぶってくたびれていたり、底がすりへっていれば合格である。たまたま新品の靴を履いていたばかりに、

「わが社は靴に給料払うとるわけやないッ。一日歩き倒すんや。立っとれ！」

と本当に会議中立たされていた所長もいた。

営業はことわられたときにはじまる

商売は足と根性である。新しい得意先を開拓するのに、ツテを頼って紹介状をもらい、などと考えているようではいけない。

「営業はことわられたときにはじまるのや」

足繁く通いつめ、誠意を注ぎこむことによって、相手の心を動かし、人間的つながりができてこそ、受注が実る。紹介状で入り込んでも、一度は仕事がとれたとして、後がつづかない。心をつかめば商売は永遠だ。耳にタコができるくらい、そう教えられたものだ。

「営業はことわられたときにはじまる」という言葉は、創業時、石橋オーナーが国鉄を相手にパイプハウスの売り込みに成功した体験から生みだされたものである。

また「経営者の心を、心とせよ」と、石橋オーナーからは教えられた。この言葉は、

「好機は一瞬にして去る」という言葉と対《つい》になって教え込まれた。トップの指示がいかなる意図のもとに出されたものであり、この仕事を遅らすことが企業にどんな悪い結果をもたらすかを、的確に察知して迅速に実行すること。ギリシャ神話に出てくるカイロス（機会）神には後ろ髪がない。チャンスの神が通り過ぎてしまったら後を追ってもムダであると。チャンスに機敏な積極的な営業をもとめた言葉だった。

私はこの「経営者の心を、心とせよ」という言葉に、ミドルの支店長であっても、オーナー社長のつもりで考え行動するという意味をつけ加えた。「お客さまにとって」「会社にとって」「社員にとって」「株主にとって」「社会にとって」良いことならば、ミドルがみずからの判断で行動せよ。私は自分もそうしたミドルであったし、現在の支店長たちにもそうもとめている。〝ひらめ社員〟撲滅の根本精神である。

「人に嫌われるのがイヤな者は経営者になるな」

私は大和ハウス工業の社長になったその日から、役員と管理職を叱咤《しった》しつづけた。

役員会は午前中にボードの取締役会を開いて決議事項を処理し、午後は執行役員を加えた全体会議を開催する。その全体会議の冒頭、三十分の時間をもらって私が訓辞をおこなうならわしである。

二〇〇一（平成十三）年四月の第一回役員会では、「この会社は〝大組織病〟にかかっている」と、こまごまと実例をあげて語った。翌月の第二回には「豊かボケしている」。第三回には「会議と書類が多すぎる」と歯にキヌ着せず叱りつづけた。氾濫《はんらん》する書類と組織の重層化によるスピード感の欠如。稟議《りんぎ》決裁にあたっての承認者の多さと、それゆえの決裁期間の長さを改めなければならない。現場に権限を持たせるとともに稟議を電子化し、十日間の決裁期間を三日にした。

議事録があまりにも激越なせいか、秘書が「これこのまま、オーナーにお見せしたものでしょうか」と当惑顔にたずねてきた。

「わしはありのままにしゃべっとるんやから、かまわん、おとどけしろ」

と私は言った。

オーナーからは、「よう言うてくれた」とのコメントとともに、これを全事業所長とグループ会社社長にくばれとの指示が寄せられた。社長就任にあたって、「役員を教育してくれよ」とオーナーから言われていたもとめに合致したのかもしれない。

しかし、グループの子会社から親会社に乗り込んできて〝親〟をボロクソに言うのである。おまけに給与カット・賞与カットの忍耐を強いたのだから、ネットの掲示板をのぞくまでもなく、彼らの心情は想像がつく。

ある時、「石橋山荘」で養生中のオーナーとの対話のなかで、

「経営者ちゅうのは、つくづく孤独なもんですな」

と言うと、オーナーの返事が凄かった。

「そんなん感じたことは一度もないな」

そしてこうつけ加えたのである。

「わしはそれを、ひとりでやってきた。人に嫌われるのがイヤな者は、経営者になるな、ちゅうことや」

段ボール箱一杯の対話録

大阪本社ビル十五階の私の部屋に、段ボール箱が一つ置いてある。なかには、石橋オーナーが療養生活に入ってから亡くなられるまでの約四年間、オーナーと交わした対話のメモがつまっている。

能登・羽咋《はくい》の山荘で療養中のオーナーの元に、私は毎月、経営報告に通った。大阪発八

時四十二分の特急サンダーバードに乗るのが通例になっていた。十二時十五分に到着し、昼食をともにしたあと、私が用意していった報告をする。終わると、「よし、これからわし、言うさかいな」と、あらかじめ便箋《びんせん》にびっしり書きこまれた質問事項と意見を、滝のようにのべるのだった。私はそれを懸命にメモした。

間質性肺炎のせいで、車椅子で酸素吸入をしているときにも、私が行くと吸入器をふり払うようにして語られた。最後の二年ばかりは、聴覚困難が進んだため、私の報告は筆談だったが、それでも〝二人だけの役員会〟は開かれた。この筆談の記録もすべて残っている。

能登・羽咋に瀟洒《しょうしゃ》な別荘が建てられたのは、一九九八（平成十）年のことだ。「石橋山荘」と称して、年に一、二週間滞在し、当初は客人を招《よ》んで麻雀をたのしむこともあった。私がはじめてここを訪れたのは、その年、大和団地の社長として新潟に出張の用事があり、途中、山荘に立寄って報告事項をすませておこうとしたときだったと記憶している。サンダーバードで羽咋にむかうと、到着が正午を過ぎるので、途中軽食をすませて行くと、なんとオーナーは昼食を用意して待っていてくれ、「こんどからはメシは食わずに来い」と言いつけられた。

ようやく上向いていた大和団地の経営内容の話から、反対に翳《かげ》りの出ていた大和ハウス工業の実情まで、話は止めどなくひろがり、気がつくと新潟行きの列車の時刻が迫っている。それでもオーナーは、辞去しようとする私の言葉をさえぎり、席を立たせない。「泊まっていけ」「いいえ、明日の朝は新潟に用事が」のやりとりのあと、「ほんなら明日の朝早く、車で行け」と言いだされ、当惑したものであった。

泣いて肉親を斬《き》る

一九九九（平成十一）年のメモには、オーナーの血を吐くような悲痛な言葉が記されている。

大和ハウス工業の三月期の決算で、売上げが八千七百億円余りと、一九九六（平成八）年度の一兆一千六百億円からくらべると、三千億円も減少。九九年四月、五月の受注も大幅な落ちこみをみせていた。石橋相談役は、ついに肉親をも含めた経営陣の刷新を決意する。後事を技術畑の東郷武新社長に托して、みずからも取締役を辞任し、名誉会長に退《ひ》いたのである。

グループ会社も含めれば三万人におよぶ社員と家族をまもり、株主の付託に応える。そのためには、あえて情を封印し、泣いて肉親までも斬るという苦渋の決断だった。会社の行く末を案じる一方で、失意の肉親を気づかう、その思いを、誰がわかってくれているのか。《……心配で心配で、寝られない》。メモの三カ月分にもわたってつづく悲痛な言葉の数々を、ここに書き写す勇気は私にはない。

二〇〇〇（平成十二）年からは、オーナーはもっぱら羽咋の山荘で療養生活に入る。前年に完成した大阪・梅田の地上二十三階建の本社ビルにも、めったに顔を見せることはなくなった。

メモは、熱いシャワーを浴びるような能登での日々を思いおこさせてくれる。経営方針書を見せたところ、

《これは支店長の方針としては良いが、社長はこんなに細かく出したらあかん。このテーマは支店長に与えて作成させろ》

と叱られたこともある。トップとミドルの着眼点のちがいというのか、「帝王学」を指南される思いであった。

《子会社の数字は、毎月社長がみずから見よ。受注・売上・利益。借金はさせるな!!　俺は創業から十三年間は金で苦労しつづけた。金がないほど金儲けできる》

《経済がどういう方向でいくか、自分の意見をもって創造的経営に頭を切りかえていけ。役員の正月の決意を読んだが、創造的経営に立っているのはほとんどいない。自分の担当だけ見ているようではダメだ。木を見て、森も見ろ。役員のレベルを上げよ》

《二十一世紀の新規事業がなければ、大和ハウス工業はもたん。前向きな創造性を発揮しないと新規事業は起こせない。欧米・スウェーデンなどからもヒントを得よ》

オーナーの頭脳は、つねに創造性をもとめて動いている。こうした発言のあとには、会社が各地で進めている風力発電について、原価から電力販売見通し、増設計画、特別償却などについて、詳細な指示が飛ぶのである。

カンが先で理論は後や

《カンが先で、理論は後》

というメモもある。「樋口くん、さいごはやっぱり、カンやで。カンが先で、理論は後や」としきりに言われた。カンというものをおろそかにしてはいけない。学者のようにはじめに理論ありきで、理論ばかりこねまわしていては、創造的な事業はなに一つ生まれてこない、と。オーナーが新しい事業にとりくむときの手順は、まずカンである。カンで得たものを理論で練りあげ、数字で検討し、調査で分析し、脈があるとなったらテストケースをつくり、そこでノウハウをつかんだのちに本格的に進出するのである。
将来の会社の組織にまで目を配りながら、しかし時折、体調のすぐれないようなときには、ふっと弱気をみせることもあった。
《きみは俺のやり方をふまえてやってくれているし、考えもわかったから、全面的に安心してまかしておれる。心おきなく死ねる。四年社長をした後で、わしのような会長職をしてくれ。思いっきりやってくれ》
軍隊でも九死に一生を得、事業でも不撓不屈《ふとうふくつ》の精神力で大和ハウス工業をここまで育て上げてきた、鬼神のような事業家の口から、「死」という言葉が出てくるとは、と驚いた記憶がある。
トップの最大の仕事は後継者をつくることだ、としばしば諭《さと》された。
《役員をよくよく見とってくれ》
《次の次の社長まで、決めてくれ》
と言われたメモも残っている。
能登でのいちばんの思い出といえば、オーナーと差し向かいで十五時間ぶっ続けにおこなった経営対話である。

いつもの列車で十二時十五分に山荘に着き、昼食をともにし、やおら私が月例の経営報告をおこなう。「以上です」。「それでしまいか」。「はい」。「よし、わしの番や」と便箋の束をとり出す。そこには、この日にむけてあらかじめ秘書に書きとらせていた、さまざまな分析、着想、指示が詰まっている。数字がすべて頭に入っており、経営分析はグループ会社にまでおよぶのだ。営業の指針、財務の指示、人事や制度への意見、新規事業の着想と話題はひろがってゆく。

私も、はい、はい、とばかり言っているわけではない。「そら、ちがいまっせ」と異論をさしはさむ。「なんでや！」と熱がこもってくる。二人とも、もともと酒はたしなまないから、夕食は十五分ですむ。また再開である。かならず、泊まっていけ、ということになる。

夜十二時。オーナーのからだが心配になってくる。以前、つきそいの人から「社長が帰られた翌日は、オーナーは一日中ぐったりとお休みです」と聞かされたこともある。こっちも、風呂にも入りたい。

「オーナー、このへんで。またあしたにしましょう」と、ようやく介護ベッドにもどってもらうのだが、たちまち「あのなァ」と手まねきされ、ついに午前三時まで対話はつづいたのだった。

ベッドの上で一兆円企業を動かす

晩年になると、古傷の脊髄《せきずい》が悪化して、車椅子というより、ほとんどベッドでの生活となり、間質性肺炎のせいで、酸素吸入器が手放せなくなった。補聴器も役にたたなくなっている。

ほかの役員やグループ会社社長の来訪は謝絶して、「報告事項は、樋口くんに言うといてくれ」となり、私の定例訪問だけがつづいた。大きな紙を用意しての筆談である。

時間がたつとオーナーの呼吸がはあはあと荒くなるから、『今日はご体調がすぐれないようなので、失礼します』と書いて見せると、手を下に振って、〝待っとれ〟という指示である。吸入器の酸素量を上げるらしく、呼吸を整えるとブザーが鳴って、また呼び入れられ、経営談議がつづく。その執念はすさまじいものであった。

あるとき、能登を定例で訪ねた十日後、秘書から言伝《ことづて》があり、「社長もいろいろ忙しいやろ。ファックスでやりとりもできるから」とのこと。

「あ、それはまた来いということや」と私は言った。ファックスで納得する人であるわけがない。なにか思い出して、会って話しておきたい。それを、そんな言い方をしたのだと。

こうして「石橋山荘」での対話は月に二回、三回を数えることにもなった。

一方通行の筆談。しかし、紙に記した問いかけに答えるオーナーの声は大きく、頭脳はあくまで明晰だった。体力の衰えもものかは、気宇はつねに壮大であった。二人の対話が事実上の役員会であり、一兆円企業をオーナーがベッドの上で動かしていた、といってさしつかえない。

石橋オーナーの深遠な心をうかがわせるエピソードがある。

一九九九（平成十一）年の経営改革で、オーナーがみずから名誉会長に退き、肉親を含む経営陣の刷新をおこなったことは先に記した。時がたち、私が大和ハウス工業の社長について間もないころ、オーナーが非常勤取締役になっていた肉親を、役員からはずすようにと指示してきたのである。

私は、九九年当時のオーナーの心中を知りつくしていたから、これは本心ではない、と聞き流していた。能登を訪ねるたびに、「もうええから、はずせ」とつごう三回言われ、それでも聞き捨てにしていたのだった。

ところがある日、役員改選期をひかえて、某役員が「ではこれで能登に行ってきます」と役員名簿を見せにきた。私の指示と微妙にちがって、ひとり名前がない。どうしたと聞くと、オーナーの指示ですとの答えである。

「きみ、人の心というものを考えたことがあるか。経営は心やぞ」

と言って元にもどし、能登にもって行かせた。帰ってきての報告によると、オーナーから「なんじゃ、これは」と言われましたが、じっと黙って長いことうつむいとりまして、最後に「お願いします」と頭を下げたら、何も言わずに名簿を返してくれはりました。「よかった。社長のおかげです」とのことであった。

それから十日ばかりたって、私が定例報告に行くと、オーナーはいきなりベッドから手をあげて、

「樋口くん、もうようわかった。わしは来年の春までは生きられへん。わしの眼の黒いうちにはずしときや」

と静かに諭すような口調である。そんな弱気なと言うと、いや、わしは自分のからだのことはわかると言い、

「二度ともどすなよ。三万人の社員と家族をまもってくれ」

ここまで言われては詮方《せんかた》ない。私は涙をさとられないように深々とお辞儀をしたのだった。会社の将来、その社会的責任のために、あえて肉親の情を断つ。そんなすさまじいことができる事業家が、この世に何人いるだろうか。

魂の〝音叉共鳴《おんさきょうめい》〟

石橋オーナーとの対話のなかでは、二人ともそれこそ夢中になって「夢」を語りあった。その最たるものが、「創業百周年にはグループ十兆円企業になろう」というものだ。いまや創業五十周年、一兆五千億企業となるのも間近である。当面の目標を二〇一〇（平成二十二）年度の売り上げ二兆円においているが、あと五十年のあいだに、どのような方策で十兆円まで持っていくのか。だいいち、五十年後にはオーナーも私もこの世にはいない。そのことを奇妙にも思わずに、夢を語りつづけた。

そういうとき、私は石橋オーナーとの心の絆《きずな》、心の共鳴を強く感じたものだ。あちらは創業オーナー、こちらはサラリーマン社長であるには相違ない。しかし私が若き日から抱き続けた自立の心、〝いつかかならず事業家に〟との志が、石橋オーナーとの間で、長いあいだ魂の〝音叉共鳴〟をおこしていたのではなかったか。ひとり呑みこみかもしれないが、私はそう思っている。

背中で教え陰で褒《ほ》める

その昔、山口支店長時代に、視察にみえた石橋オーナーと風呂を共にさせてもらってから、二十九年。陰に陽に教えを受けてきた。教えといっても、噛《か》んで含めるように言うのではない。端的なひとことであり、それ以上は〃背中〃で教える。「気がつくやつもおるし、つかんやつもおる」とオーナー自身が言ったことがあるが、教えをくみとるもとらぬも、まさに受け手の心がまえしだいなのだ。

私はオーナーから面とむかって褒められた記憶が、ただの一度もない。褒めるときは陰で褒める。顧問弁護士だった中坊公平氏から、オーナーが「複眼の目でモノを見とるのは、樋口くんだけや」と言っていたとつたえられたときは、脳天がしびれるような感激を味わったものだ。

私はいびつなダイコンだったと思うが、それでもどこかを見こんでくれたのか、あえて何度も荒れ地に植え替えてもらった。たび重なる〃人間テスト〃をほどこしながら育ててもらった。

しごいてしごいて、それでも本当に参りかけると、ぽつりとやさしい言葉をかける。福岡の支店長時代、原因不明の腰痛に苦しみ、二カ月の入院を強いられたのち、オーナーに戦線離脱のお詫びを言うと、

「ええ経験をしたやないか。しかし樋口くん、人間、病気をすると気が弱くなる。それだけは気ィつけや」

と、ポンと肩を叩いてくださったのだ。

晩年、オーナーがしばらく入院加療の日を送られたときのことである。秘書から連絡があって、「樋口くんを呼んでくれ。あやまりたいことがある」とおっしゃっています、とのこと。数日後、お見舞いにうかがうと、相客があったせいか、特段の話はなく、三十分ばかりして私は帰ってきた。

すると翌日、また秘書から、オーナーが「樋口くんにあやまりたい」とおっしゃってます、と言ってくる。私は、あやまってもらうようなことはない。今は感謝しているくらいや、と言ったが、「それでは私が困ります」と秘書が言うので、ふたたび病院に出向いて行った。秘書は気をきかせたのか部屋を出ていく。しかし、オーナーが語るのは前日同様、変哲のないよもやま話である。三十分ほどたって、辞去しようと思ったとき、「樋口くん、

団地で、苦労かけたな」の一言である。すべての思いをこめて、そのひとことを言おうと、会話の器用なほうではないオーナーが、この一両日、ずっと思っていてくださったにちがいなかった。いや、「きみの宿命と思うてくれ」と赤字経営の大和団地へ送り出してから、この十年近く、心に秘めていていてくれたのかもしれない。

一代の軌跡をたどる

「社葬はするな。わしは一日たりとも仕事を止めてほしくないんや」

亡くなる十日ばかり前、「石橋山荘」に見舞った私に、オーナーは強い語調でそう言った。

「そういうわけにはいかんのとちゃいますか」と返す私に、オーナーは無言のまま、左右の腕でバッテンをつくってみせた。拒否の意志は固かった。

二〇〇三(平成十五)年二月二十二日、社葬をしないかわり、オーナーの棺を納めた車は、この一代の企業家の軌跡をたどるように進んだ。午前八時、能登・羽咋の山荘を出発、総合技術研究所を経て、奈良工場へ。ここは日本初のプレハブ住宅専門工場であり、創業から十年、住宅量産化の礎《いしずえ》を固めたオーナーの想いのもっとも深い生産基地だった。

大阪・日本橋。いまはおもかげをとどめないこの場所に、昭和三十年、はじめて「大和ハウス工業株式会社」の看板がかかげられた。建坪三十五坪（約百十五平方メートル）ほどの商店風木造二階建の一部であった。

大阪・西成区西萩町。創業から五年後、急成長をつづけた会社は本社をここに移す。

大阪・西区阿波座《あわざ》の大和ビル。一九六七（昭和四十二）年、十階建の本社ビルが竣工し、当時すでに五社をかぞえたグループ会社もここに合流した。

梅田の現本社ビル。一九九九（平成十一）年、設計から施工まで、すべて自社で行った地上二十三階、地下三階のビルが完成。オーナーはその十五階に「相談役室」を設けて自分の城としたが、健康が徐々にむしばまれ、車椅子で部屋に入ったのも十回を数えたかどうか。

本社ビル玄関前には、本社とグループ会社の役職員およそ百名が整列して、オーナーの棺を迎え、そして見送った。午後三時半であった。

二月二十四日、月曜日、社葬を禁じられながらも、弔問の意を寄せられる方々が多く、大阪・臨南寺で小規模な告別式をおこなった。

「送る言葉」を草した私は考えた。はたして自分は、ひとさまの前でこれを無事読了できるだろうか。とり乱すわけにはいかない。私は自宅の部屋にこもって、口馴《くちな》らしをこころみた。

「――あなたのともすれば愚直ともとれるほど真摯で豊かな人情味は万人を惹《ひ》きつけてやまず、心から慕《した》わぬ者はいませんでした。私自身、教え子のひとりとして、今こうして瞼《まぶた》を閉じれば、ご教授いただいているシーンが走馬灯のように浮かび上がり、その一言一句がありありと頭の中に蘇《よみがえ》ってまいります……」

何度おさらいをしても駄目だった。この一節にさしかかると、ぐっと胸がつまり、ひとりなのをさいわい、私は声を放って泣いた。

起業家・石橋信夫の背中を見ながらの三十年にわたる〝同行二人〟。その第一幕が、いま終わりを告げた。ここからは、心に師を抱いての真の〝同行二人〟が始まるのだ。

Part 5

成功する人の十二カ条　失敗する人の十二カ条

「リーダーの品性」四カ条

希代の企業家・石橋信夫の謦咳《けいがい》にふれ、また私自身の体験にてらして、「優れたリーダーシップとは何か」ということを、私はずっと考えつづけてきた。

オーナーの背中からまず学んだことは、「リーダーの品性」である。

・公平公正。
・無私。
・ロマン。
・使命感。

この四カ条に集約できるのではないかと考えている。

オーナーは常々、「人事を処するに太陽のごとくあれ」と言った。平等に、わけへだてなく地上を照らす太陽の目で人事にあたり、組織を運営すること。そうでなければ人材は育たない。

企業として、嘘を言わず、ごまかしをしないこと。昨今、食品や輸送機器、電力、放送界にまでも不祥事隠しが横行していると聞くが、リーダーの品性として失格である。

私利私欲に走らない。私腹を肥《こ》やさない。当然のことである。

みずからの事業が人々の暮らしを豊かにし、人類の未来をひらく。そうしたロマンと使命感をもたねば、事業をやる甲斐《かい》がない。

長たる者の「四つの力」

長たる者は、品性にくわえて、自己研鑽《けんさん》によって「四つの力」を磨かなければならないと私は考えている。

・先見力。
・統率力。
・判断力。
・人間力。

である。

先見力、判断力については、あらためて説明の必要はないだろう。

統率力を生みだす源は、率先垂範である。究極のところ〝背中〟であると私は思っている。品性でいうところの「無私」の心とも重なる。私は山口、福岡と支店長を務めるにあたり、まず心したことは、「部下に百のノルマを与えるならば、長たる自分には百二十を」である。そしてその通り実行した。

誰よりも朝早く出社し、靴底をすりへらし、ワイシャツを汗みどろにして営業に歩く。事業の点検と書類の整理は、外まわりを終えた夜の仕事である。私のオフィスは夜おそくまで明るく電灯がついているので、地元で有名だった。仕事帰りに一杯やって英気を養った社員たちが、たまたま支店のそばを通りかかり、私の部屋の電灯の光を見上げて首をすくめたというエピソードなどは、数かぎりなく聞かされた。リーダーのそういう姿勢を見て、部下は動く。百万言をついやすよりも、〝背中〟が雄弁なのである。

「人間力」とは何か

むずかしいのは、四番目。「人間力」である。

なかなか言葉では表現しにくいものである。

沈着なかにも果断である。あたたかさのなかにも重みがある。明るい。包容力がある。愛嬌がある。侠気《おとこぎ》がある——。個々にそうした要素をあげていってもつくせない。いわくいいがたい人間的魅力のことである。

これは、見ればわかる。「人間力」というものは、人の風貌姿勢にあらわれているものだ。

私の知人のなかから一人だけ例をあげるとするなら、住友金属工業会長の下妻博《しもづまひろし》さんである。彼は住友金属の業績を回復させた功労者だが、二〇〇七（平成十九）年二月、関西経済連合会の会長人事が難航するのを見ると、敢然とこれを引き受けた。記者会見で、

「清水《きよみず》の舞台から飛び下りることを決意しました。男はたまには、そういうことをやらねばしゃあないときがあるんですな」

というのを聞いて、ああ彼らしいな、と微笑を禁じえなかったものだ。

下妻さんとは、ほぼ同年齢。彼が薄板係長、私が資材課長だった三十二歳のときからの知りあいだが、一回会っただけでその「人間力」を歴然と感じた。

こういう人は、たとえば人からものを頼まれたときでも、瞬時に方策をたて、道をつける。「考えておきましょう」というセリフはボキャブラリーに無いのである。

「人間力」を磨くのはむずかしい。しかし、若い人たちにはそれを磨く努力をしてほしい。私は日頃、次代を担う人たちに「五訓」を語りかけている。

・　自己益を忘れ、会社益を想え。

・嫌な事実、悪い情報を包み隠さず報告せよ。
・勇気をもって、意見具申せよ。
・自分の仕事に非《あら》ずというなかれ。自分の仕事であるといって争え。
・決定が下ったら従い、命令はただちに実行せよ。

以上の五カ条である。

成功する人の十二カ条　失敗する人の十二カ条

私が黒革の手帖に書きつけて、つねに携行している言葉がある。「成功する人の十二カ条　失敗する人の十二カ条」である。

対照をきわだたせるために、上段と下段に分けて記してみる。上が「成功する人」、下が「失敗する人」の行動形態である。

一、人間的成長を求め続ける。	現状に甘え逃げる。
二、自信と誇りを持つ。	愚痴っぽく言い訳ばかり。
三、常に明確な目標を指向。	目標が漠然としている。
四、他人の幸福に役立ちたい。	自分が傷つくことは回避。

五、良い自己訓練を習慣化。	気まぐれで場当たり的。
六、失敗も成功につなげる。	失敗を恐れて何もしない。
七、今ここに一〇〇パーセント全力投球。	どんどん先延ばしにする。
八、自己投資を続ける。	途中で投げ出す。
九、何事も信じ行動する。	不信感で行動できず。
十、時間を有効に活用。	時間を主体的に創らない。
十一、できる方法を考える。	できない理由が先に出る。
十二、可能性に挑戦しつづける。	不可能だ無理だと考える。

この本のＰａｒｔ１に記した「経営のプロとアマチュア」の比較条項と重なるところもあるが、私はこの「成功する人の十二カ条」を次代をになう人たちに実践していってもらいたいと考えている。そうすればかならず、優れたリーダー像を形づくることができる。

「かきくけこ」を忘れるな

先日、さる講演の席で、私は「かきくけこ」の実践を提唱した。これは私自身に語りかける言葉でもあるが、「人間力」を磨くための道しるべである。

か＝感動。感性がすりへったら、人間ダメになる。ものごとに感動するみずみずしい心を保ちたい。

き＝興味。若者たちの風俗・流行でも、くだらないとソッポを向いていると、こちらが老いこむばかりである。社会の新しい波、新しい事物につねに好奇心をもちつづけたい。

く＝工夫。創意工夫である。頭を使え。何事もこれでいいと思ったらオシマイだ。常識にとらわれず、現状を打破する思いきった工夫を欠かさないこと。

け＝健康管理。オーナーは「人間、病気をすると気が弱くなるから、気ィつけよ」と言われた。健康な心はすこやかなからだに宿るともいう。攻めの経営には健康が欠かせない。

こ＝恋。私の口から「恋」という言葉が出たので、満座の爆笑を買ってしまったが、これは「ときめき」の意である。もちろん異性にときめいてもいいが、芸術や文化にときめく心を失いたくない。

年齢八掛け、精神七掛け

健康管理という意味では、私自身、創意にあふれたときめく感性を保つためにも、〝戦士の肉体〟を維持するよう心がけている。

大和ハウス工業の社長になって三年目のある日、風呂場の鏡で自分の裸体をみて、愕然《がくぜん》とした。胸の筋肉が落ち、腕が細くなり、腹の脂肪が厚くなっている。就任後の多忙にかまけて、からだを衰えるにまかせてしまったのだ。こんなことでは三万人を率《ひき》いて戦うことはできない。

一念発起してトレーニング機器を買い揃えた。自宅でテレビを見るときも、六キログラムのダンベルを離さず筋力アップを試みる。会社では十五階の役員フロアまで、三百二十四段の階段を毎日歩いて登る。人間、六十歳を過ぎても、肉体の鍛錬はできるものだとわかった。八十一キロもあった体重は七十二キロに減り、腕と肩に筋肉がつき、腹が引きしまった。いまは、風呂場の鏡で厚い胸板を見ると、「俺はまだまだ戦える」と闘志がふつふつと湧いてくるのだ。

「年齢八掛け、精神七掛け」

というのが、いまの私のモットーである。七十五歳が私の還暦だ。そのとき精神は五十二歳の若さを保っていたいものと願っている。

魚は頭から腐る

そうはいっても、独善におちいってはならない。本人だけが気づかずに老害をふりまく……、ゆめゆめそういうことにならぬよう、自己チェックと警戒が必要である。

《魚は頭から腐る》

石橋オーナーの言葉である。オーナーがこの言葉をどこから、どういうときに導き出したのかはつまびらかでない。しかし私はくりかえしこの言葉を聞かされた。「樋口くん、魚は頭から腐るぞ」と。ときには詠嘆の響きで、ときには訓戒の調子で。

私はまた、オーナーの「わしが死んだら、会長をやってくれ」という言葉を遵守《じゅんしゅ》しようと考えていた。大和ハウス工業の社長にはしかるべき後継者を立て、私にはオーナー自身がそうであったようにグループ全体を見わたして指揮をとってもらいたい、という意向であろうと思われたからである。

ただ、オーナーの他界された二〇〇三（平成十五）年は、前述のように特損二千百億円の一括処理にともない、創業以来初の赤字決算を敢行した年でもあった。世上、創業者の死で求心力低下かと噂《うわさ》され、業績の推移にも不安が語られるようなときに、いきなり次の社長にバトンを渡すのは酷である。

〝人の道〟と〝運〟と

翌二〇〇四（平成十六）年、V字回復の見通しが立ち、オーナーの一周忌も終えたので、墓前に、「ご指示通り会長になりますよ」と報告し、思いきった若返りをと、九歳若い村上健治専務を後任の社長に選んだ。

村上専務にはリーダーとしての品性四カ条が、「公平公正」「無私」「ロマン」「使命感」とそろっている。また、「先見力」「統率力」「判断力」「人間力」という、長たる者の四つの力も備わっている。

村上くんは自動車事故にあって九死に一生を得た経歴がある。また、学生時代に父親を亡くしているのだが、母親を大切にし、がんばって郷里に家を買い、夏冬の休みには帰省して孝行をしているのである。

会社経営と無関係な、奇妙なことを言い出すと思われるかもしれないが、これは「人間力」の重要な要素である。親孝行は〝人の道〟である。建物には土台が肝腎《かんじん》であるように、人間には〝人の道〟をはずさないことが肝要だ。そして「運」である。

石橋オーナーは、自身の並はずれた努力のことは棚に上げて、「わしは運がよかった」と言い、「樋口くん、人間、つまるところ運やで。きみも運のいい人間とつきあえ」としきりに言ったものだ。石橋流の禅問答のようなところはあるが、私も同感である。私も、運だけでこれまでやってこれた。運もまた「人間力」の一つである。

そしてこの〝人の道〟と〝運〟とは、相互につながっている。〝人の道〟をはずさない行き方こそ、個人にも企業にも〝運〟をもたらすことになる。そのことを私は長年の経験で実感している。

村上くんは飾らない人である。背伸びをしない。石橋オーナーは誰もが知るざっくばらんな飾り気のない人だった。私自身もそうだと思っているが、背伸びをするとその辻褄合《つじつま》わせに一生追われることになる。自分であって自分でない。オーナーも生前、

《お面が顔から取れなくなるぞ》

という言い方で、いましめていた。

団塊ジュニアへ「百年住宅」を

二〇〇四（平成十六）年、会長樋口、社長村上体制で、大和ハウス工業はあらたな一歩

を踏みだした。

〝創業百周年には十兆円企業に〟と、「石橋山荘」でオーナーと私とが時のたつのも忘れて語り合った、その「夢」に向かって歩みはじめている。

本業の住宅・建築分野でも自己革新をつづけていく。一つの柱は、団塊ジュニアの住宅需要にどう応えていくかである。

そもそも、大和ハウス工業の五十年は、団塊の世代とともに歩んできた五十年だ。

石橋オーナーが神戸市の教育委員会から、

「戦後ベビーブームの子供たちで教室が不足して困っているが、校舎増築には金がかかるし、何年かのちには逆にあまってしまう。なにかいい知恵はないか」

と相談されて、鉄骨組立て式の〝移動教室〟をつくったのが、一九五九（昭和三十四）年の初めのことだった。当然のことながら、大和ハウス工業がこの市場を独占した。

同じ年、「ミゼットハウス」が産声《うぶごえ》をあげるのだが、これはオーナーが川で遊ぶ子供らが暗くなっても帰ろうとしないのを見て、ひらめいたという。家に帰っても居場所がないからだ。「庭に勉強部屋を」と提案して爆発的なヒットとなる。これこそわが国プレハブ住宅の原点である。

団塊の世代はやがて結婚して〝ニューファミリー〟を形成する。

アメリカでのロードサイドの郊外型レストランの隆盛にかねて着目していた石橋オーナーは、「ニューファミリーは外食世代だ」と喝破した。一九七七（昭和五十二）年、あらたに「流通店舗事業部」を設け、地主と外食資本とのあいだを結び、いわゆる〝ファミレス〟ブームを現出させた。

そして、いまや団塊世代のジュニアが平均年齢四十歳を迎えようとしている。日本の住宅の寿命は三十年、英国で七十年といわれるなか、大和ハウス工業としては「百年住宅」創生をめざす。得意の耐震・免震構造を軸に、太陽光発電、燃料電池、屋上緑化を盛りこんだ環境共生住宅をもって、団塊ジュニアの住宅需要に応えていけたらと思う。

私は日頃、「3プラスマイナス1理論」を口にしている。近年、金融、鉄鋼、自動車、保険、情報通信……、どの業界をみても再編が急速に進んでいる。近未来において、どの業界でも三社プラス一社かマイナス一社、に収束するものと見ているのである。住宅業界も例外ではない。

既存の八つの事業で、二兆円までは売り上げを伸ばせるかもしれない。それも安閑としてはいられない。しかも次の五十年で十兆円をめざすとすれば、これはまったく未知の地平である。グローバルなマーケットを見据えた新しい事業の「芽」を、今のうちにつくらねばならない。

壮大な〝グモの巣〟を張りめぐらす

「建築の工業化」を理念として創業され、しだいに事業を多角化して「総合生活産業」として売り上げ一兆五千億円を超えた大和ハウス工業だが、次にめざすのは〝人・街・暮らしの価値共創〟のための、あたらしい「複合事業体」である。

複合事業とは何かというと、まず大和ハウス工業の蓄積した「人」という資産に着目する。

戸建住宅入居＝三十三万世帯、集合住宅入居＝六十五万世帯、分譲マンション入居＝六万世帯、流通店舗テナント＝三千九百社、集合住宅オーナー＝六万人、流通店舗オーナー＝三万人、マンション友の会＝七万人、リゾートホテル年間利用者＝四百四十七万人、リゾートホテルウェディング累計＝二万組、日曜大工のホームセンターカスタマー会員＝百九十万人、連結子会社「日本体育施設運営」のフィットネスクラブ会員＝十万人。

一方、これまでに施工した施設実績は、戸建住宅＝五十万七千戸、集合住宅＝六十八万二千戸、マンション分譲数＝六万戸、店舗＝二万七千棟、医療介護施設＝一千九百棟、物流施設＝一千五百棟。

運営している施設は、リゾートホテル＝三十カ所、ゴルフ場＝十カ所、都市型ホテル＝八カ所、ホームセンター＝四十二カ所、フィットネスクラブ＝五十二カ所。

展開している事業は、住まいをサポートする事業＝九、ビジネスをサポートする事業＝十二、生活をサポートする事業＝六。

以上は、いわばそのまま、大和ハウス工業の〝数字による五十年史〟である。五十年のあいだに、これだけの「人」とかかわりをもち、これだけの事業を展開してきたわけである。今後めざそうとする「複合事業」とは、これらの「人」と「事業」とを、タテ・ヨコ・斜め、三次元の線で有機的に結びあわせ、壮大な〝クモの巣〟を張りめぐらすことにほかならない。

そのため、二〇〇六（平成十八）年、グループ会社上場三社を経営統合し、事業の重複や競合を排除、経営のスピードと効率を向上させた。グループ六十二社がより一体化して動き、グループを超えた人材の自由な交流をはかる体制をととのえた。

「あ・す・ふ・か・け・つ」

さて、この壮大な〝クモの巣〟の上に構築する新しい事業の芽とは？

「あ・す・ふ・か・け・つ」

である。

これからの事業は社会の求めるところをひらくのでなければ、成立しえない。次代の社会に不可欠な分野は、「福祉」「環境」「健康」「通信」――すなわち「ふ・か・け・つ」である。

なおかつこれを、「安全・安心」に、また大和ハウス伝統の「スピード」を旨として展開すべく、「あ・す」を加える。

創業百周年にむけて後半の第一ページを開くにあたり、私は「あ・す・ふ・か・け・つ」をキーワードとして、全社員に指示した。

大和ハウス工業と福祉事業、シルバー事業とのかかわりは長い。私自身、この事業とは特別の縁があると思っている。そもそもは、平成元年にシルバーエイジ研究所を立ち上げたころにさかのぼる。

当時、常務で特建事業部を担当していた私は、宮崎県で老人保健施設の建設を請《う》けおっていた。お年寄りが生活するのであれば、湿気を呼ぶコンクリート工法よりも、当社オリジナルの工場生産されたデルフパネルを用いる乾式工法がふさわしかろうということで、特建の技術が歓迎されたわけである。

現場や入居者の状態を見ると、こうした施設は全国でも不足しているはずだ、と直感した。折から、厚生省（当時）が発表した「ゴールドプラン」では、十カ年で二十八万床を必要としているという数字が出た。では現時点で全国の老人保健施設が何床あるのか、さっそく調べてみると二万八千床しかない。

「これだ！」

ハードばかりでなくソフトを構築すれば、大和ハウス工業独自の事業として拡大できるはずだと考えた。役員会にはかると、オーナーの「それ、ええやないか」の即決が下り、「シルバーエイジ研究所」が発足したのだった。

余談だが、役員会が終わり会長室に行くとオーナーが、「それで、なんぼ売り上げが上がって、なんぼ利益が出るんや」と、さっそくたずねてきた。

「三年間、数字のことは聞かないでください」

と私は言い、「なんでや」と言われるので、「当社はこれまでハードばかりの事業で成功してきましたが、これはちがいまっせ。ソフトを充分勉強しておかんと、この事業はやっても意味がないです。三年間は特建事業部で経費はもちますので」と説いたところ、「わかった」といってもらえた。

ところが、二年後、会議の席に突然あらわれ、何を言うのかな、と思うと、「樋口くん、あと一年やな」と。しぶとく覚えているのである。オーナーの経営に対する執念を垣間《かいま》見た一幕であった。

ともかく「シルバーエイジ研究所」は、有能な所長のリーダーシップもあって、今日まで十八年間、独自のノウハウを蓄積してきた。

「建物も介護の一部」

医療介護マーケットは一兆円といわれ、事業分野もきわめて広範多岐である。

たとえば二〇〇〇（平成十二）年、介護保険制度の発足とともに、政府の高齢者保健福祉施策五カ年計画「ゴールドプラン21」が策定された。その柱のひとつがグループホーム、すなわち「認知症対応型共同生活介護施設」である。これは大和ハウス工業にとっては得意の土俵だ。

五人から九人までの高齢者が安全に共同生活できることを目的に、平屋建て、バリアフリー、調理・空調・給湯のオール電化、徹底した段差解消、車椅子の動線確保など、「建物も介護の一部」のモットーを実現、二〇〇六（平成十八）年度までに、三百四十件のグループホームを受注している。

グループホームは、単にバリアフリーの居室の集合体というだけでは不充分である。認知症高齢者の精神や行動を安定化させるために、自発性や自立性をはぐくんでいこうとする工夫を盛りこんだ「環境誘導設計」という考え方を導入している。

医療介護分野は、今後、住居系に移行していくと考えられる。マンションとデイケアセンターと有料老人ホームを一つに融合させたり、いろいろな医療機関とも提携をすすめる。介護を必要とする親の世代と、働きざかりの子供の世代が同じ建物のなかに住めたらどんなにいいだろうか。都内の一等地に高度医療のプロフェッショナルを集めた「医療のインモール」施設を提案してゆくのも、夢の一つである。

私がトップダウンで推進しているものの一つに「インテリジェンストイレ」がある。健康管理トイレである。

病院の待合室はいつも満員。そして国の医療行政は巨額の赤字である。生活習慣病の大半は高血圧や糖尿病だろうが、それくらいいちいち病院へ行かないで、なぜ自宅でチェックできないのか、と考えたのが始まりだった。

尿糖値を検査する機械とか、血圧計とか、個別には市販されている。ところが継続して記録をとるのが面倒だから、せっかくの機器もやがては押入れ行きだ。

「インテリジェンストイレ」は、用を足すたびに自動的に尿を採取して尿糖値を検査してくれる。血圧、体重、体脂肪も計測できる。そのデータがパソコンと連動して自動的に記録されるのだ。グラフに異常が出たらそれを主治医のところへ持参すればいいのである。

このアイデアを持って、ＴＯＴＯの重渕雅敏《しげぶちまさとし》社長と会い、「わし、こんなこと考えとりますねん。一緒にやりまへんか」ともちかけたら、「私もそういうこと好きですわ」「ほな、やりましょ」と話はとんとん拍子に進んで、商品化が実現した。大和ハウス工業のほとんどの住宅に標準仕様で入れて、大いに好評を博している。

「商品は三年後には墓場へやれ」

めざす技術、めざす事業は、たとえその成果を私たちがこの眼で見るのが間にあわなくてもいい。孫、ひ孫の代にみのるものであってもいい。種まきだけはおこたってはならないのだ。企業は永遠でなければならない。

石橋オーナーからは、

「商品は三年後には墓場へやれ」

とくりかえし言い聞かされた。

商品は三年すれば過去のものとなる、と考えてかからねばならない、と。いかに優れた商品をつくれたと思っても、いい気になっていると、ふと気がついた時には飽きられている。陳腐化している。だから、つねに新しいものを開発し、売り出すときには、「寿命は三年」と心得なければならないというのである。

この教えを口にするとき、オーナーはよく、三洋電機の創業者である井植歳男《いうえとしお》さんのエピソードを語った。井植さんはスケールの大きな起業家で、そのユニークな発想と豪放な人柄をしたって関西の多くの経済人が集まり、「井植学校」が形成されていた。サントリーの佐治敬三《さじけいぞう》、ダイエーの中内切《なかうちいさお》、森下仁丹の森下泰、ダイキン工業の山田稔の各氏らとともに、石橋オーナーもその教頭格メンバーだった。ある時、三洋電機の技術陣が苦心惨憺《さんたん》、ようやく新しい製品を開発して第一号を井植社長のところへ持ってきたところ、井植さんはしげしげとできあがりを点検、満面の笑みをたたえて、「ようできとる。ようやった」。そして言葉をつづけて、「さあ、この製品の次のやつの開発にとりかかろう。諸君、今日からスタートだ」と言ったというのである。

石橋オーナーは、感無量の表情でこのエピソードを語り、また自身の戦争体験をつけくわえた。厳寒の満州（中国東北部）を馬で踏破するときはかならず予備の馬をつれていく。乗った馬が疲れてからでは、もうおそい。疲れないうちに予備の馬に乗りかえる。それが、生きて目的地に着くための必須の心得だった。技術もそうでなければならないということだ。

CO_2排出量を半減させる

環境問題へのとりくみは焦眉《しょうび》の急《きゅう》である。

世界のエネルギー需要が二〇三〇年には現在の一・五倍になる（国際エネルギー機関＝IEAの予測）とされる以上、手をこまねいてはいられない。

こうした現状認識のもと、二〇〇六（平成十八）年九月にリチウムイオン電池のパイロットカンパニーが立ち上げられ、当社も資本参加した。

いま政府が力を入れているのは燃料電池だが、これには発電能力はあっても蓄電能力はない。コストも高い。その点、慶應義塾大学の吉田博一教授と清水浩教授の推進するリチウムイオン電池には蓄電能力があるから、電気料金の安い夜間に蓄電しておけば合理的だ。

大和ハウス工業としては、当面はリチウムイオン電池の利用を定置型のビル、ホテル、ゴルフ場、住宅などを対象に考えていくわけだが、将来的な活用分野として想定されるのは、いうまでもなく自動車である。

いま中国では自動車が一年に七百万台も増え続けている。その普及率が日本なみになった時の状況を想像してみてほしい。電気自動車ならば夜間蓄電で一日三百キロ走れるし、リチウムイオン電池を用いれば、CO_2の発生量は四分の一に軽減されるのである。

大和ハウス工業も、すでに電気自動車事業に参画している。リチウムイオン電池で走る「Ｅｌｉｉｃａ（エリーカ）」である。慶應義塾大学の研究を支援する目的で三十八社がプロジェクトを組んだのである。

二〇〇四（平成十六）年、テレビの「ＮＨＫスペシャル」でとり上げられ、「エリーカ」がポルシェと競走している場面が放送された。車の前面、側面と屋根に「ダイワハウス」のロゴが書かれていたため、多くの人から「大和さんがなぜ、自動車にかかわっているのか」と質問を受けた。

「トヨタが住宅をやっているのだから、大和ハウスが自動車をやってもおかしくないでしょ」

と返答したところ、たいへん驚かれたが、むろんこれは冗談である。「当社は環境問題にまじめにとりくんでいる。その証しです」というのが本来の答えである。

エネルギーの面では、当社はいち早く風力発電に着手している。二〇〇〇年から沖縄、能登のロイヤルホテルに発電基地をつくってきたが、あらたに二〇〇七（平成十九）年二月、四国の佐田岬《さだみさき》に九基、一基あたり一千キロワットの発電施設をつくった。四国電力へ売電しているのだが、ざっと六千五百世帯分の電力がこの風力発電でまかなえる。初期投資を含めて償却には、十七年かかるが、その後は大いに業績に貢献してくれるだろう。

「発明は一パーセントの霊感と九九パーセントの汗から」

大事なことは、新しい技術、新しい事業の「芯《しん》」を、どう形づくっていくかである。

雪だるまというものは、途中までできれば、あとは押しても蹴とばしても大きくなっていく。肝腎なのはいちばんはじめの「芯」である。

「芯」をつくるのは〝命がけ〟だ。

発明王エジソンは、

「発明は一パーセントのインスピレーション（霊感）と、九九パーセントのパースピレーション（汗）から生まれる」

と語った。

アイデアは、苦しまぎれの知恵である。研究室でお茶を飲みながら、「なにかいいアイデアはないか」と考えているようなときに生まれるものではない。現状を打開しようと身をすりへらしたあげくに出てくるのが、本当のアイデアである。人間の能力は極限の状況におかれて研ぎすまされる。そのアイデアによって企業の未来がひらけ、人類の未来がひらけるのだ。

企業というものは、現在さかんであっても、五十年後に残るのは四〇パーセント、百年後に残るのはわずか三パーセントであるといわれる。

ダーウィンの法則は、変化しつづけたものだけが生き残ることを示している。大きく、強く、賢いから生き残れるのではない。

石橋オーナーと語り合った五十年先の夢にむけて、いや、百年先のもっと大きな夢にむけて、私たちは変化をつづけなければならない。

志在千里

「志在千里」という言葉がある。石橋オーナーが終生、座右の銘として愛誦《あいしょう》された。いい言葉である。

中国『三国志』の英傑で、詩人としても名高い曹操《そうそう》の「歩出夏門行」と題する漢詩の一節だ。

老驥伏櫪　　老驥《ろうき》　櫪《れき》に伏すとも
志在千里　　志《こころざし》　は千里に在《あ》り
烈士暮年　　烈士《れつし》　暮年《ぼねん》にして
壮心不已　　壮心《そうしん》　已《や》まず

——駿馬《しゅんめ》はいまや老いて、厩《うまや》に身を横たえながらも、その心はなお千里のかなたを駆けている。剛直の士は歳を重ねても、盛んな心の衰えることはない。

私も「志在千里」を胸に、壮心やむことなく前進して往きたい。

あとがき

樋口の会社経営は破天荒だ——。

ひとさまからそういわれることが多くなった。だが、私は少しも破天荒とは思わない。ふつうのことだと思っている。ただ〝ぬるま湯〟が嫌いだっただけだ。

学生時代に、いつかは事業家にと志して以来、つねに与えられた立場より一つ上の仕事をするよう心がけてきた。机上の理屈や常識に安住しない。経験にしがみつかない。言い訳を探さない。可能性に挑戦しつづけて、闘ったら必ず勝つ——の一念で働いてきた。

たまたま私が経営を托《たく》された会社が、来てみると〝ぬるま湯〟に浸りきっていた。役員にも社員にも、仕事をするフリをしているだけの者が沢山いた。上だけ見ている〝ひらめ社員〟が繁殖していた。典型的な「大組織病」にかかり、豊かボケしていた。

私は「大組織病」から脱却するために、会社を〝熱湯〟にした。〝ぬるま湯〟に馴れた者には苦しかっただろう。しかし、それに耐えた者たちは、やがて本人の内側から「やる気」を燃え立たせていった。人間の能力の差は、帰するところ〝やる気〟の差である。結果、会社はさいわいにも業界トップの座につくことができた。

——いまの日本は、政治は場当たり、官僚は天下り天国。社会保険も教育現場もおざなり。耐震や介護から食品の原料まで誤魔化しだらけ。日本全体がたるみきった「大組織病」にかかってしまったのではないか。「大組織病」から脱け出す方法はあるのか。こんな時代にこそ、お前の体験を書いてみないか——とのお勧めをいただいた。

そんな大それた力はないが、私もかつての日本人が持っていた、真摯勤勉で、夢を抱いてチャレンジする熱い心を取りもどしたい思いは強い。それがこの本をまとめた動機である。

私は、創業者・石橋信夫という希代の事業家を、経営の、いや人生の師と仰いできた。師によってあえて幾多の苦難を与えられ、試され、しごかれ、教えられてきた。この三十年は師とともに歩む〝同行二人《どうぎようににん》〟の日々であった。

この本に記したことは、すべて師の背中から学びとったものである。ここにあらためて亡き師への深甚の謝意を、そして、先輩諸兄、ならびに私と苦楽をともにしてくれた役員・社員たちへの感謝をささげたい。

二〇〇七年七月

樋口武男

樋口武男（ひぐち　たけお）

1938年兵庫県生まれ。61年、関西学院大学法学部卒業。63年8月、大和ハウス工業株式会社入社。84年、取締役就任。89年、常務取締役。91年、専務取締役。93年、大和団地株式会社代表取締役社長。2001年4月、大和ハウス工業株式会社代表取締役社長。04年4月、代表取締役会長兼CEO。グループ会社社長から大和ハウスの社長就任後、数々の改革を打ち出す。03年3月期に2100億円の特別損失を一括処理、創業以来初の赤字決算の後はV字回復を遂げる。06年3月期には住宅業界トップの座についた。

文春新書

586

熱湯経営《ねつとうけいえい》

――「大組織病」に勝つ

2007年(平成19年) 8月20日　第1刷発行
2007年(平成19年) 9月 5日　第2刷発行

著　者　樋口武男
発行者　細井秀雄
発行所　株式会社　文藝春秋

〒102-8008　東京都千代田区紀尾井町3-23
電話　(03) 3265-1211（代表）

印刷所　理想社
付物印刷　大日本印刷
製本所　大口製本

定価はカバーに表示してあります。
万一、落丁・乱丁の場合は小社製作部宛お送り下さい。
送料小社負担でお取替え致します。

ISBN978-4-16-660586-6